FABIO
HAEBEL

It's
Market Day

FABIO HAEBEL

It's Market Day

Brandstätter

Paris

KOPENHAGEN

BERLIN

Amsterdam

Wien

London

SYRAKUS

MADRID

Wenn ich eine Stadt zum ersten Mal besuche, zieht es mich zuallererst auf den Markt. Denn was die Küche auf jeder Party, ist der Markt in einer Stadt: der stimmungsvollste Ort. Hier wird gekocht, gegessen und gefeiert!

Während in Berlin oder Amsterdam junge Marktmenschen traditionellen Berufen nachgehen und das Bäcker- und Metzgerhandwerk modern erlebbar machen, gehen die Markt-Pioniere Siziliens nachts auf Fischfang, um morgens als Erstes die großen Tiere zu präsentieren. In Kopenhagen ist Stil angesagt: Die Markthalle zeigt sich genau so jung und modern wie der Rest der Stadt. Und ganz nebenbei gibt's hier ein beeindruckend effizientes Mülltrennsystem.

Was die Küche auf jeder Party, ist der Markt in einer Stadt

In London treffen alteingesessene karibische und afrikanische Händler auf junge Foodies, der Wiener Naschmarkt atmet Tradition und Geschichte und der Mercado de la Paz in Madrid Vornehmheit. Und warum der Pariser Marché d'Aligre ein Herz über dem i verdient hat, wird klar, sobald man ihn betritt.

It's Market Day ist eine Reise zu den angesagtesten Märkten Europas und ihren Pionieren. Macht euch mit mir und meinem Team gemeinsam auf zu einem Besuch bei einzigartigen Persönlichkeiten und leidenschaftlichen Handwerkern & Händlern. Die besten Markt-Rezepte für zuhause gibt's obendrein!

Euer Fabio

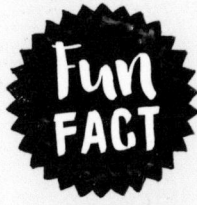

MEILENSTIEFEL
Insgesamt haben wir für unsere Märkte-Tour mit dem Auto 3.500 km zurückgelegt und 7.500 km mit dem Flugzeug.

VIELFALT
Eine der schönsten Erkenntnisse, die man bei einer Reise zu Europas Märkten gewinnt, ist die, wie unterschiedlich all die Kulturen sind. Jeder Markt hat seine Eigenheiten, Bräuche und Geheimnisse.

TORVE-HALLERNE
KOPENHAGEN
● AB SEITE 38

MARKTHALLE NEUN
BERLIN
AB SEITE 64 ●

NASCHMARKT
Wien
● AB SEITE 118

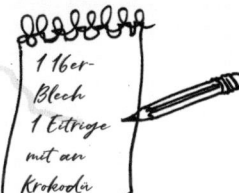

1 16er-
Blech
1 Eitrige
mit an
Krokodu

LEGENDE

🕐 ZUBEREITUNGSZEIT

🍲🍲🍲 SCHWIERIGKEITSGRAD
(LEICHT, MITTEL, SCHWER)

🥕 VEGETARISCH

🍃 VEGAN

🐟 MIT FISCH

🐚 MIT MEERESFRÜCHTEN

🐔 MIT GEFLÜGELFLEISCH

🐷 MIT SCHWEINEFLEISCH

🐄 MIT RINDFLEISCH

🐑 MIT LAMMFLEISCH

🍸 MIT ALKOHOL

🥤 ALKOHOLFREIES
GETRÄNK

GEHT immer

Ganz früh am Morgen
kommen, noch vor
den anderen, und das
Erwachen des Marktes
beobachten.

MERCATO
DI ORTIGIA
SYRAKUS
AB SEITE 172

AUSSERDEM:
DAS TEAM   AB SEITE 232
REZEPTÜBERSICHT   AB SEITE 234

FRANKREICH

Paris

MARCHÉ D'ALIGRE

7 DINGE,

DIE MAN ÜBER DEN MARCHÉ D'ALIGRE WISSEN WILL

Der Sternekoch Christian Lohse schickte einst Tim Mälzer in einer Folge von *Kitchen Impossible* nach Paris. Tim zog es direkt in die schöne Markthalle – leider genau zur traditionellen Mittagspause. Aber zum Glück gab es noch den Straßenmarkt ...

SPEISETIPP
Cochon de lait, das Milchferkel vom Spieß, direkt auf die Hand, von Metzgermeister Patrick Hayée in der gleichnamigen Metzgerei.

VORHER NOCH NIE GESEHEN:
Gegrillte Lammköpfe
Unter stetigem Rotieren geben die Lammköpfe ihr Fett an die darunterliegenden Pommes parisienne ab.

MARKTZEITEN
Täglich ab 9, außer montags, von 13–16 Uhr ist Mittagsruhe.

ADRESSE
Place d'Aligre, 75012 Paris

GERTRÄNKETIPP
Ein Glas Sancerre zur Austernplatte.

95

MARKTSTÄNDE HAT DIESER MARKT

WEBSITE:
EQUIPEMENT.PARIS.FR

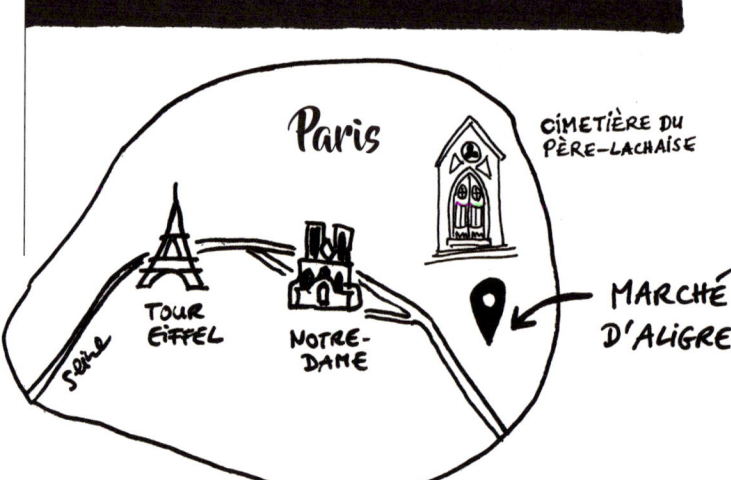

Paris

CIMETIÈRE DU PÈRE-LACHAISE

TOUR EIFFEL

NOTRE-DAME

SEINE

MARCHÉ D'ALIGRE

MARCHÉ D'ALIGRE, PARIS

Feine Delikatessen aus ganz Frankreich, orientalische Händler und ein Antiquitäten-Flohmarkt: Das ist echtes Paris. Unweit des Place de la Bastille versteckt sich der Marché d'Aligre mit seiner alten Markthalle wie eine Oase des Genusses.

Eines der typischsten Bilder eines Marktes ist für mich, wenn in aller Früh ein Lkw in einer Seitenstraße hält, sich hinten die Türen öffnen und dann eine Schweinehälfte in eine Metzgerei getragen wird. Als ich genau eine solche Szene vor einiger Zeit auf dem Marché d'Aligre beobachtet habe, wusste ich, dass ich mich auf einem Markt befinde, an den ich zurückkommen werde. Jetzt bin ich wieder da, und heute will ich alles einkaufen, was ich für ein Picknick in einem der Pariser Parks gebrauchen könnte.

Der Straßenmarkt zieht sich im 12. Arrondissement durch die Rue d'Aligre. Um 9 Uhr öffnen die Stände. Ich bin aber schon eine Stunde eher da, weil ich mir das Treiben ansehen will, das hier herrscht, bevor der Markt im Trubel der Einkaufenden untergeht.

Direkt auf der Straße bauen Händler auf jeder Seite ihre Stände auf. Aber auch in zweiter

PORTRÄT

AMANDA

Zum Kunst-Studium von Minnesota nach Paris, vom Nebenjob an der Bar, um die Miete zu bezahlen, zum Hauptberuf bis hin zur Betreiberin der angesagtesten Craft-Cocktailbar in Paris. Die Pas de Loup Bar.
Web: pasdeloupparis.com

Reihe wird Markt betrieben. In jedem der bürgerlichen Altbauhäuser mit ihren bunten Fassaden befindet sich im Erdgeschoss ein Laden. Kleine Bistros, Fisch- und Weinhändler, häufig auch Händler orientalischer Waren – vor allem aber: Qualität. Überall. Auf dem Reklameschild einer alten Patisserie steht „Maison de qualité".

Am frühen Morgen schieben Ladenbetreiber geflochtene Stühle auf den Gehweg, gießen ihre Blumentöpfe und beschreiben kleine Tafeln, die an der Hauswand lehnen, mit Tagesangeboten. In einen winzigen Laden quetschen sich immer mehr Leute. Das macht mich neugierig. „Terres de Café" macht offenbar den begehrtesten Café au lait. Davon bestelle ich mir einen. Der Betreiber, Samy, sagt, die Atmosphäre zwischen all den Menschen hier sei das Schönste. „Wie in einem Dorf", meint er und schiebt mir meine Boule entgegen.

Als müsste seine Aussage bewiesen werden, kommt ➝

in genau diesem Moment ein Nachbar zur Tür herein und begrüßt Barista Samy herzlich. Freddy erzählt, er lebe seit 15 Jahren hier. Er deutet durchs Fenster auf einen der Balkone, die über dem Markt schweben. Der Marché d'Aligre sei der beste in Paris. Die Stadt habe viele Märkte, aber dieser hier, erklärt er weiter, sei der, auf den die Pariser gehen. „Mir fällt kein anderer Markt ein", sagt Freddy, „der außer montags jeden Tag geöffnet ist. Außerdem sind die Preise gut. Das Wichtigste aber ist die Qualität. Egal ob beim Gemüse hier an den Straßenständen oder beim Fisch und Fleisch." Davon solle ich mich in der Halle überzeugen.

Auf geht's! Ich will davon kosten, daran riechen, etwas trinken, viel schmecken und natürlich einkaufen. Die Rue d'Aligre führt einen direkt auf den Place d'Aligre, wo die 170 Jahre alte Markthalle „Beauvau" liegt. In der Halle ist es angenehm kühl. Nicht der Konsument soll hier zu optimalen Bedingungen existieren können, sondern die Delikatessen, die in den Vitrinen ihre Reize zur Schau stellen.

Meine Nase zieht mich zu einer Wildschlachterei, an deren Seite ein Grill steht, in dem sich ein Spanferkel dreht. Spanferkel heißt auf Französisch „cochon de lait", was wortwörtlich übersetzt Milchschwein bedeutet. Ich frage den Metzger, ob ich ein Stück davon bekommen könne. Er guckt mich an, zieht den rechten Mundwinkel Richtung rechtes Ohr und erinnert damit kurz

MARCHÉ D'ALIGRE

an das Klischee, dass Franzosen mit Gesichtsausdrücken mehr sagen können als mit ganzen Sätzen. Ich soll also in zwei Stunden wiederkommen. – O.k., mache ich. Dann also erst einmal um die Ecke, ein halbes Dutzend Austern, Größe N° 2, mit einem Glas Sancerre für 12,40 Euro. In Paris bin ich ganz offensichtlich nicht. Ich bin am Marché d'Aligre.

Mein Einkaufskorb wird schwerer. Darin liegen inzwischen Weintrauben aus der Gascogne, ein Schinken von einem Wildschwein aus den Pyrenäen, Brombeeren von der Loire, ein dickes Stück Saucisson, französische Rohwurst, und ein Geschenk, über das ich mich besonders freue: Wäre ich Franzose, würde ich nicht Fabio, sondern Fabien heißen. In der Markthalle gibt es einen Stand namens „Chez Fabien". Als ich nach der Spezialität des Hauses frage, bekomme ich ein Stück Ententerrine gereicht, angereichert mit Pistazien.

Zurück bei der Wildschlachterei wandert nun auch für mich eine Scheibe des Milchschweinchens in ein Stück Pergament. Ganz ohne Brot. Ich bräuchte sehr viel Zeit, um das Knuspern der Haut zu beschreiben, muss mich aber beeilen, weil ich nun mit Amanda verabredet bin, die hier in der Nähe lebt und mir ihre Lieblingsorte auf dem Markt zeigen will.

Als ich vor der Halle auf sie warte, fällt mir auf, dass jemand an einem Straßenschild ein Herz über das i in Aligre geklebt hat. Ich warte also mit einem Lächeln und beobachte, wie sich der Markt zur Mittagszeit füllt. Anzugträger holen sich halbe Hähnchen mit Pommes parisienne. Das sind Kartoffeln, die unter dem Hähnchengrill liegen und sich von dem Fett beträufeln lassen, das von dem über ihnen rotierenden Geflügel auf sie hinabtropft. Ein Rentnerpärchen flaniert Hand in Hand an mir vorbei und diskutiert die heutigen Preise, ein Verkäufer ➝

Links unten Helfer holen übrig gebliebene Waren für Suppenküchen an den Ständen ab.

trommelt an seinem Blumenstand einen ziemlich guten Beat auf einem umgedrehten Eimer, und an einem Gemüsestand auf der gegenüberliegenden Seite hat sich ein Händler einen Ast frischer Minze hinters Ohr geklemmt. Das sieht aus wie ein Lorbeerkranz – der Gemüsehändler als Kaiser seines Reichs.

Als Amanda kommt, zeige ich ihr den Minze-Kaiser und sie erzählt mir, dass der Markt dank seiner vielen aus den ehemaligen Kolonien im Maghreb stammenden Händler den Spitznamen „Marché d'Ali" trage. Daher die Vielfalt an Waren. Wie ein arabischer Basar, der sich mit Pariser Gepflogenheiten sehr gut verträgt.

Amanda ist selbst Migrantin, Amerikanerin. Einer der Gründe, warum sie Paris nicht verlassen könne, sei der gute Käse. Sie geht mit mir in die Fromagerie „Au Cœur de Marché", auf Deutsch: im Herzen des Marktes. Chef Baptiste erklärt uns die unterschiedlichen Spezialitäten, die er im Angebot hat. Er tut das mit der Ruhe eines Menschen, dessen Beruf es ist, Käse beim Reifen zuzusehen. Unter dem Laden, in dem wir gerade stehen, liegen ein Trocken- und ein Nasskeller. Bei jedem Käse, den er bezieht, überlege er, wie er ihn reifen lassen werde. Manche räuchert er. Dafür hole er vom Hersteller die Erlaubnis ein. Schließlich könne man nicht einfach so in die Kunst eines Käsemachers eingreifen.

Mir gefällt die Ernsthaftigkeit, mit der hier Käse gemacht wird. Baptiste reicht ➞

Links Es gibt viele Maximen auf dem Marché d'Aligre: Dicht gefolgt von Qualität ist es Herzlichkeit, die hier besonders auffällt.

MARCHÉ D'ALIGRE

uns ein Stückchen eines Brie noir, 36 Monate gereift. Die Konsistenz erinnert an einen ganz jungen Parmesan, das Aroma hingegen steht für sich. Einmalig und pures Umami.

In meinem Einkaufskorb fehlt nun nur noch eine Flasche Wein. Egal ob rot oder weiß, auf dem Flohmarkt vor der Markthalle finden wir feine, alte Gläser, in die beides gut passen würde.

Wir verlassen den Markt in Richtung der Avenue Daumesnil. An ihr entlang läuft das Viadukt der Künste. Eine schmale Treppe führt hinauf auf die ehemalige Bahntrasse, die heute ein Park ist. Auf der Mauer breiten wir die Schätze des Marktes aus, entkorken den Wein und haben ein angenehm mulmiges Gefühl, die Beine auf der anderen Seite herunterbaumeln zu lassen. Ganz schön hoch.

„Willkommen in Paris", sagt Amanda, „genau so macht man das. Ein guter Wein am Nachmittag, ein paar Häppchen. Très bien!" Das Baguette knackt laut, als ich es breche, um die Ententerrine von Fabien daraufzulegen.

Später, am frühen Abend, muss ich feststellen, in der Stadt der Liebe, nach einem Tag auf dem Markt, der als i-Tüpfelchen ein Herz trägt, nicht ganz satt geworden zu sein. Ich weiß aber zum Glück, dass in der Rue Vieille du Temple 64, im Marais-Viertel, hinter Sprossenfenstern und rot-weiß-karierten Gardinen ein Feuer lodert und dass auf diesem Feuer das ehrlichste Steak von Paris gegrillt wird. Bei „Robert et Louise" fliegen große Teile eines Rindes auf die Stahlplatte, die in dem Kamin hängt, an dem ich nun mit ein paar Freunden sitze. Einer der Köche reicht mir die Zange, um das Stück Fleisch zu wenden, das für uns bestimmt ist. Eine Ehre, die sich mit dem fantastischen Weißwein verbrüdert, den wir trinken.

Bevor unser Steak aus dem Kamin geholt wird, ziehen die Eindrücke des Marktes vor meinem inneren Auge entlang. Mir wird klar, dass es diesen Markt nur gibt, weil die Pariser ihn auch wirklich nutzen. Weil sie genau das haben wollen, was es dort gibt. Es gibt keinen besseren Ort, um das zu verstehen, als ein Restaurant, in dem die elegantesten Pariser alle gleichzeitig an Rinderknochen nagen. ✗

Oben Der Regen bringt auf dem Marché d'Aligre niemanden aus der Façon …

Verachtet und verehrt, Nahrungsmittel oder Genuss- und Luxusgut –
die Auster hat mehr Gesichter als die meisten anderen Lebensmittel. Wie bei
allem gibt es natürlich auch hier diverse Qualitäten. Die am häufigsten
servierte Auster ist sicherlich die Fine de Claire, mit unter 1 Euro pro Stück
auch noch preiswert. Als teuerste Auster gilt die berühmte Gillardeau.

HALTBARKEIT

Auf den Verpackungen gibt es kein MHD, sondern lediglich ein Datum der Verpackung.
Eine intakte Kühlkette vorausgesetzt gilt als Faustregel: Verpackungsdatum + 8 Tage =
letzter Tag, an dem die Auster roh verzehrt werden sollte. Danach der Nase vertrauen bzw.
die Austern nur noch überbacken, pochieren oder paniert frittieren.

GILLARDEAU

Die „Gillardeau" gilt als der Rolls Royce unter den
Austern. Ihre Zucht ist seit jeher Familiensache. Keine Auster auf der Welt wurde öfter kopiert, weshalb
die Familie einen einzigartigen Laser entwickeln ließ,
um ihre Austern mit einem „G" zu markieren.

VINAIGRETTE

Für eine leckere Vinaigrette braucht ihr: 3 EL Rotweinessig, ½ fein gewürfelte Schalotte, Schnittlauch
in feinen Röllchen, 1 Prise frisch gemahlenen Pfeffer
und 2 EL gutes Olivenöl. Alles miteinander kräftig
verrühren und über die frischen Austern geben.

AUSTERN IM SOMMER?

Austern kann man das ganze Jahr über essen. Die
Zeiten von „Monate mit R" sind – der Kühlkette sei
dank – Geschichte.

IST DIE NOCH GUT?

Wie bei allen Muscheln gilt, Austern nur dann zu verzehren, wenn die Schale fest geschlossen ist, woran
man den intakten Schließmuskel erkennt.

Links Ich mag Austern am liebsten nur mit Zitrone – oder ganz pur direkt aus dem Meer.

TATAR
MIT LYONER KARTOFFELN

Tatar gehört zur French Cuisine wie Curry zu Berlin. Das rohe Fleisch braucht nicht viele Zutaten, um einen besonderen Geschmack zu erlangen. Dazu ein weiterer Klassiker der Franzosen – die Pommes lyonnaise.

Zutaten **für 4 Portionen**

800 g sehr gut gekühltes Rinderfilet
3 Eigelb
1 TL Senf
100 ml Traubenkernöl
Salz & Pfeffer
1 Bund Schnittlauch
2 Schalotten
3 Gewürzgurken
100 ml Sonnenblumenöl
100 g eingelegte Kapern

FÜR DIE KARTOFFELN
600 g Kartoffeln (z.B. Bamberger Hörnchen)
Öl
2 große Schalotten
100 g Butter
½ Bund krause Petersilie
Muskatnuss

🐑 | ⏱ 1 h | 🍲🍲🍲

Die Kartoffeln in Salzwasser bissfest garen.

Das Rinderfilet wahlweise wolfen oder per Hand klein schneiden. In einer Schüssel das Eigelb, Senf, 2–3 Esslöffel Traubenkernöl, je 1 EL Kapern- und Gurkenwasser miteinander verrühren, sehr kräftig mit Salz und Pfeffer abschmecken und anschließend das Fleisch hinzugeben. Schnittlauch in feine Röllchen und Schalotten sowie Gurken in feine Würfel schneiden und zum Fleisch geben. Das Tatar nochmals abschmecken und kühl stellen. In einem kleinen Topf das Sonnenblumenöl erhitzen und darin die gut abgetropften Kapern für 30 Sekunden frittieren. Auf einem Tuch abtropfen lassen und leicht salzen.

Die gekochten Kartoffeln der Länge nach halbieren und in Öl auf der Schnittfläche anbraten. Die Schalotten in Streifen schneiden und zu den Kartoffeln geben. Die Butter sowie die gehackte Petersilie dazugeben und gut schwenken. Wenn die Butter sich aufgelöst hat und schaumig wird, mit Salz, Pfeffer und Muskat abschmecken. Mit Tatar und knusprig frittierten Kapern servieren.

TIPP Wer keinen Fleischwolf hat, fragt am besten den Metzger seines Vertrauens, ob er das Fleisch durch den Wolf dreht. Achtung: Unbedingt am selben Tag verbrauchen!

santé!

TOMATEN-TARTE-TATIN

Schon seit meiner Ausbildung bei Julien Nagui in der kalten Küche liebte ich die Methode, Tartes „verkehrt" zu backen.

Zutaten für 4 Portionen | 🍽 | ⏱ **40 min** | ☕ ☕ ☕

- Olivenöl • 1 Knoblauchzehe
- 500 g bunte Tomaten • 2 Stängel Thymian
- 1 Stängel Rosmarin • 1 Rolle Blätterteig
- Salz & Pfeffer • 2 EL Pistazien

Eine Tarteform mit Olivenöl und Knoblauch ausreiben und im Ofen auf ca. 180 °C (Umluft) erhitzen, die Form ggf. nochmals nachfetten. Die Tomaten in ca. 0,5–1 cm breite Scheiben schneiden und mit den frischen Kräutern in die heiße Form legen. Mit Blätterteig abdecken und am Rand zusammenrollen, ohne sich dabei die Finger zu verbrennen.

Je nach Dicke der Tomatenscheiben bei mind. 180 °C für ca. 20–30 Minuten backen.

Anschließend die Tarte stürzen. Deshalb ist das Ausfetten auch so entscheidend. Die gestürzte Tarte mit Salz & Pfeffer würzen und mit gehackten & gerösteten Pistazien bestreuen.

CRÊPES OLD FASHIONED

Cognac, meine liebste Spirituose, mit meiner liebsten Nachspeise Crêpes zu verbinden, war eine Erfindung in meiner Zeit als Barkeeper.

Zutaten für 1 Flasche | 🍸 | ⏱ **1 h** | ☕ ☕ ☕

FÜR DIE CRÊPES
- 250 ml Milch • 2 Eier • 120 g Mehl
- 3 EL flüssige Butter • etwas Rapsöl
- 1 Flasche Cognac VSOP

FÜR DEN DRINK
- 1 Bio-Orange • 1 Würfelzucker • 2–3 Tropfen Orange Bitter • 3–4 Handvoll Eiswürfel

Milch, Eier, Mehl und Butter zu einem glatten Teig verrühren und in einer beschichteten Pfanne mit je 1 TL Rapsöl ausbacken. Nicht verzagen, die erste Crêpe klappt nie!

Die Crêpes in einen Topf legen, mit Cognac begießen und für 30 Minuten ziehen lassen. Anschließend die Crêpes mit den Händen leicht ausdrücken und die Cognac-Infusion zurück in die Flasche füllen. Die Crêpes könnt ihr euch, sofern ihr am selben Tag weder Auto fahren müsst noch zur Arbeit geht, mit Vanilleeis gönnen.

Für einen Drink ein kleines Stück Orange und einen Zuckerwürfel im Shaker miteinander zerdrücken, mit Orange Bitter und 8 cl der Cognac-Infusion im Shaker mit viel Eis kräftig shaken. Auf frische Eiswürfel ins Glas abseihen und mit Orangenschale dekorieren.

Links oben Steck deine Nase nicht in fremde Angelegenheiten. Es sei denn, du bist in der Nähe von Mardi, dem syrischen Kräuterhändler.

PICKNICK
Einkaufsliste

Das Aufspießen (piquer) von kleinen Snacks (nique) ist Namensgeber dieses Outdoor-Happenings. Amanda hat uns nach dem Marché d'Aligre zum Viaduc des Arts geführt – der perfekte Spot zum Entschleunigen.

10 Cour du Marché Saint-Antoine, 75012 Paris

Einkaufsliste für ein gutes Picknick für 2:

1 Flasche Wein
1 Baguette
Schinken, z.B. Jambon de Savoie
Käse, z.B. Morbier, Camembert noir oder Gruyère
Obst nach Saison
gesalzene Butter
Taschenmesser, Gläser und Servietten für alle Beteiligten

KÜRBISTARTE

Ein Klassiker aus der Anfangszeit der Tarterie St. Pauli. Der leichte Strudelteig passt perfekt zu dem intensiven Geschmack des Kürbisses.

Zutaten **für 4 Portionen**

1 Hokkaidokürbis
Olivenöl
1 Schuss Weißwein
100 ml Sahne
2 Eier
Salz, Pfeffer & Zucker
1 Paket Filo- bzw. Strudelteig
100 g Walnüsse
Thymian

🥕 | ⏱ 1 h | 🍲 🌶 🌶

Den Hokkaido heiß abwaschen und ein Viertel davon klein schneiden, den Rest in schöne, dünne Spalten. Den klein geschnittenen Kürbis mit etwas Olivenöl und Salz in einem Topf anschwitzen, mit Weißwein ablöschen und weich kochen. Anschließend mit Sahne und Ei im Mixer zu einer Kürbis-Liaison pürieren.

Die Spalten in Olivenöl anbraten und mit Salz, Pfeffer und Zucker würzen, leicht karamellisieren lassen.

Den Backofen auf 180 °C (Umluft) vorheizen. Eine Tarteform ausfetten und mit Filoteig auskleiden (3–4 Lagen). Mit der Kürbiscreme dünn ausstreichen und mit den Kürbisspalten überlappend auskleiden. Mit gehackten Walnüssen bestreuen, mit etwas Olivenöl beträufeln, Thymian darüber und im Ofen ca. 25 Minuten goldgelb backen.

place to be !

ROBERT ET LOUISE

ADRESSE
64 Rue Vieille du
Temple, 75003 Paris

RESERVIEREN
+33 1 42 78 55 89
Dienstag–Sonntag

GRILLEN VON GROSSEN FLEISCH- STÜCKEN

Entscheidend beim Grillen von großen Fleischstücken sind ein paar Faktoren: die Temperatur, ob direkt oder indirekt gegrillt und natürlich, welcher Cut im Feuer landet.

Generell gilt: Je durchwachsener und marmorierter das Stück, desto weniger kann schiefgehen. Bei Stücken wie z.B. dem Tafelspitz gehören schon etwas mehr Erfahrung sowie ein Grill mit indirekter Hitze dazu.

Wichtig: Nimm dir Zeit! Grill dein Grillgut rundherum gut an, und das bei hoher Temperatur (250–300 °C). Jetzt reguliere die Temperatur auf 130–160 °C herunter. Als Faustregel gilt: pro cm Fleischdicke ca. 4 Minuten bei 130 °C für medium gegrilltes Fleisch.

Während des Grillvorgangs das Fleisch mit Butter einpinseln und zum Finale nochmals bei hoher Temperatur alle Seiten befeuern. Salz & Pfeffer kann man getrost erst nach dem Grillen aufs Fleisch geben.

Links Offenes Feuer und eine Speckschwarte zum Einreiben des Grills. Mehr braucht es nicht.

VOLLKORNFLAMBETTES MIT PILZEN

Was die Pizzetta dem Italiener, ist die Flambette dem Franzosen. Kleine Tartes flambées, also kleine Flammkuchen, sind fix gemacht, wenn der Teig seine Ruhephase hinter sich hat.

Zutaten **für 4 Portionen**

FÜR DEN TEIG
30 g frische Hefe
50 ml Olivenöl
200 ml lauwarmes Wasser
400 g Dinkel-Vollkornmehl
1 Ei
2 Prisen Salz

FÜR DEN BELAG
1 kg gemischte Pilze
2 Schalotten
Olivenöl
2–3 Stängel frischer Thymian
1 Knoblauchzehe
500 g Saure Sahne
200 g Crème fraîche
Saft einer halben Zitrone
Salz & Pfeffer
4 EL Pinienkerne

🌱 | ⏱ 2h | 🍲🍲🍲

Die Hefe mit Öl und 100 ml Wasser verrühren und nach vollständigem Auflösen für 20 Minuten an einem warmen Ort abgedeckt ruhen lassen.

Die Hälfte des Mehls, das Ei und Salz hinzugeben. Alles zu einem zähen Teig verrühren und mit dem restlichen Mehl und Wasser zu einem kräftigen Hefeteig kneten. Den Teig für mind. 60 Minuten an einem warmen Ort abgedeckt gehen lassen.

Die gemischten Pilze in Scheiben, die Schalotten in feine Würfel schneiden. Pilze in etwas Olivenöl mit den Schalotten und frischem Thymian sowie einer angedrückten Knoblauchzehe andünsten.

Aus Saurer Sahne, Crème fraîche, Zitronensaft, Salz & Pfeffer eine Creme rühren.

Die Grillfunktion des Ofens auf höchste Stufe stellen, ein Backblech verkehrt herum (mit der Wölbung nach oben) mit etwas Mehl bestäuben und auf der mittleren Schiene platzieren.

Den Teig nochmals durchkneten und in golfballgroße Stücke teilen. Mit einem Nudelholz zu kleinen Scheiben ausrollen und mit der Creme bestreichen. Ca. 0,5 cm am Rand frei lassen.

Mit Pilzen und Pinienkernen belegen und im heißen Ofen 12–15 Minuten knusprig & goldbraun backen, ggf. mit Thymian garnieren.

ROTWEINPASTA

Aus der Not heraus – die Zutaten für eine Sauce vermissend – wollte ich Pasta in Rotwein kochen. Entstanden ist meine all-time favourite Pasta ever.

Zutaten **für 2 Portionen**

1 Knoblauchzehe
Rosmarin
2 Schalotten
100 g Butter
400 g Spaghetti
2 Flaschen Rotwein
Salz & Pfeffer

🥕 | ⏱ **0,5 h** | 🍲 🍲 🍲

Knoblauch und Rosmarinnadeln fein hacken, Schalotten in kleine Würfel schneiden.

Einen großen (30 cm ø), möglichst flachen Topf, in den die Spaghetti hineingelegt werden können, erhitzen, darin die Hälfte der Butter zerlassen und Knoblauch, Rosmarin und Schalottenwürfel für 3 Minuten anschwitzen. Die rohe Pasta auf die angeschwitzten Zutaten legen und mit Rotwein auffüllen, bis die Pasta bedeckt ist. Nach 4 Minuten die restliche Butter hinzufügen und die Spaghetti umrühren. Im Idealfall ist die Pasta fertig, wenn der Rotwein verkocht und die Pasta schön al dente ist.

Mit Salz und Pfeffer würzen.

WELCHEN WEIN? Gennaro Contaldo hat mal gesagt: „The wine you drink, the wine you cook." Und so halte ich das auch.

DÄNEMARK

KOPENHAGEN

TORVEHALLERNE

7 DINGE,
DIE MAN ÜBER DIE TORVE-HALLERNE WISSEN WILL

Der jüngste Markt in unserer Auswahl: In der ewig jugendlichen Stadt Kopenhagen gibt es eine neue Markthalle, die mit ihrem traditionellen Charme und mit Nachhaltigkeit anderen Märkten ein Vorbild sein dürfte.

SPEISETIPP
Die besten Smørrebrød gibt es bei Hallernes an sieben Tagen die Woche. Bei größeren Mengen unbedingt anrufen und vorbestellen. Die Stullen sind beliebt.

VORHER NOCH NIE GESEHEN:
Community Tables
Alle essen gemeinsam an gemischten Tischen und räumen zusammen auf. So geht Markt.

WÄHRUNG
Kronen, ca. durch 7 teilen, ergibt Euro. Wer sich das ersparen will: Fast alle nehmen auch Euro entgegen und tauschen gegen Kronen.

GETRÄNKETIPP
Craft Beer bei Mette am Stand Mikkeller & Friends.

MARKTZEITEN
Mo-Do 10–19, Fr 10–20, Sa 10–18, So/Feiertag 11–17 Uhr.

ADRESSE
Frederiksborggade 21, 1360 Kopenhagen

70
MARKTSTÄNDE HAT DIESER MARKT

WEBSITE:
TORVEHALLERNEKBH.DK

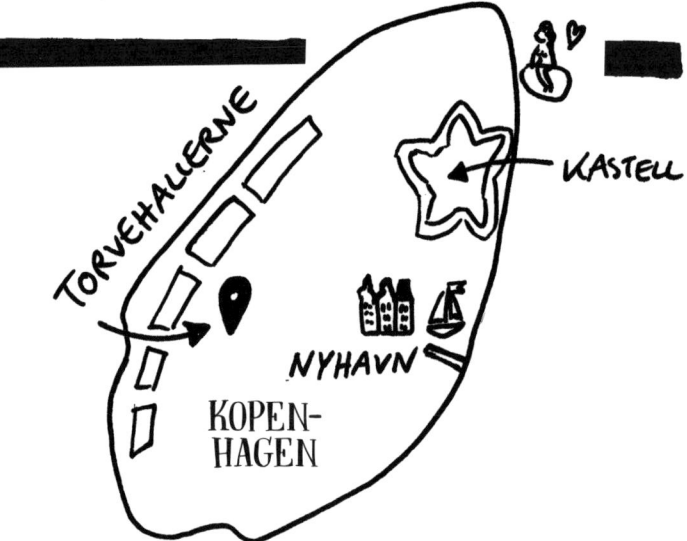

TORVEHALLERNE, KOPENHAGEN

Eine Vielzahl der wichtigsten Gastro-Trends der letzten zehn Jahre kommt aus Kopenhagen. Mit den Torvehallerne beweist die Stadt mitten in ihrem Zentrum, dass sie ihre Modernität auch in Form eines Marktes ausleben kann, der für jeden da ist.

Jedes Mal, wenn ich in Kopenhagen bin, frage ich mich, ob die Menschen hier schon in der Grundschule ein Unterrichtsfach haben, das es an deutschen Schulen nicht gibt. Nämlich: Stil! Nicht nur dass die Dänen etliche berühmte Möbel- und Produktdesigner hervorgebracht haben, im allgemeinen Straßenbild sieht man einfach sehr gutaussehende Menschen – elegant, aber nicht überdreht, nordisch cool, aber nicht verkrampft. Das zieht sich durch alle Bereiche.

Die Wohnungen sind toll eingerichtet, die moderne Architektur kann sich im Gegensatz zu der einen oder anderen Bausünde Berlins und Hamburgs sehen lassen und zahllose Bars und Restaurants machen den Eindruck, als hätten sie gerade erst eröffnet, so frisch ist das Konzept. Und wenn das mal nicht der Fall ist, dann sind sie zum exakt richtigen Zeitpunkt in der Vergangenheit stehen geblieben.

PORTRÄT
GEOFFREY

Geoffrey Canilao, a.k.a. The Brown Guy, ist gebürtiger Hawaiianer, gelernter Sommelier und hat den Job des Bartenders von der Pike auf gelernt. Seit einigen Jahren betreibt er sein eigenes Business, die beliebte Cocktailbar Balderdash.
Web: balderdash.dk

Kopenhagen ist eine echte Stil-Metropole, wobei Stil keine äußere Hülle ist, sondern ein ausgereiftes Konzept mit Sachverstand und Feingefühl. Das gilt auch für den großen Markt Torvehallerne, der in unmittelbarer Nähe zum Zentrum liegt, im Stadtteil Nørreport.

Von allen Märkten, die ich besucht habe, sind die Torvehallerne der mit Abstand modernste Markt, was aber auch daran liegt, dass er gleichzeitig der jüngste ist. Gerade erst 2011 eröffnet, sind die beiden Hallen und das Plätzchen zwischen ihnen bereits fester Bestandteil der Kopenhagener Genusskultur. Mein Freund Geoffrey holt mich an der U-Bahn-Station Nørreport ab und bringt mich zu seiner Freundin Rosio, die ihre Taqueria Hija de Sánchez zwischen den Hallen betreibt.

Ich bekomme einen Taco mit einem Spiegelei, etwas Hack vom Schwein, frischen Zwiebeln, eingelegten Jalapeños und einer Salsa, die Rosio selbst ➡

gemacht hat. Rosio hat mexikanisch-amerikanische Eltern, wuchs in Chicago auf, fing mit 19 an, professionell zu kochen, und arbeitete unter mehreren Spitzenköchen, bevor sie sich entschied, dass sie einen direkteren Draht zu jenen haben möchte, die ihre Speisen genießen. Perfekt aufgehoben also auf einem Markt. Zu meinem Taco trinke ich eine Michelada, einen mexikanischen Drink aus Tomatensaft, Limette, Bier, Tequila und Cayenne. Jeder Schluck bestätigt: Rosio versteht ihr Handwerk.

In den Hallen offenbart sich die ganze Vielfalt des Marktes. Fleisch- und Gemüsehändler wechseln sich mit Bistro-Ständen ab. Eine Blumenverkäuferin lächelt zwischen ihren Sträußen hindurch, ein junger Mann mit riesiger Afro-Frisur reicht mir aus seinem Stand für Oliven und deren Öle einen Spieß mit fleischigen Oliven, ein kleiner Junge steht vor einer Pyramide aus Wassermelonen, so stolz, als hätte er selbst sie aufgetürmt.

Dass die Torvehallerne nicht zu einer überteuerten Delikatessen-Mall verkommen, liegt an der sorgfältigen Prüfung, wer hier einen Stand betreiben darf. Ein klassischer Markt für einfache Bedürfnisse, Käse, Gemüse, Fleisch aus der Region, mischt sich mit virtuoser Food-Vielfalt. Zwei sehr schöne Fischstände zeigen mit ihrem Angebot, dass Fisch kein Luxus ist, sondern ein Pfeiler dänischer Esskultur – und bei niedrigen Preisen für jedermann zu haben. Dieses Kon-

TORVEHALLERNE

zept lockt Menschen aller Altersklassen an. So muss ein Markt sein: offen, ehrlich, aber mit seinen Besonderheiten auch begehrenswert. Ein weiteres Beispiel für die dänische Lässigkeit sind die veganen Angebote, die es hier gibt – allerdings jenseits von ideologischen Grabenkämpfen und Weltretter-Fantasien. Veganes Essen ist hier einfach nur eines von vielen Angeboten. Am besten haben mir die Kartoffelpuffer mit Apfelmus gefallen.

Ein toller Kontrast zu der schlichten Glas- und Stahlkonstruktion der Hallen ist das Kopfsteinpflaster, aus dem der Platz um und zwischen den Hallen besteht. Es schlägt den Bogen zur Altbaukulisse, die den Markt umringt.

Auf dem Platz stehen Bänke und Tische, an denen sich direkt genießen lässt, was man drinnen in den Hallen ergattert hat. Das frische Fleisch kann man sich gleich grillen, ein großes Bier zapfen lassen, Weine kosten,

noch mehr Snacks holen – neben all dem Innovativen gibt es auch das gute, alte Smørrebrød, besonders hübsch gefertigt bei Hallernes.

In und um die beiden Hallen ist immer was los: Die einen verweilen, die anderen kaufen in Eile ein, aber niemand, wirklich niemand, lässt auch nur ein Stück Müll auf den Tischen liegen oder auf den Boden fallen. Die Sauberkeit ist unglaublich. Mülltonnen bieten die Möglichkeit zu trennen, aber auch die Anbieter tragen ihren Teil dazu bei, nämlich in Form von sinnvollen Verpackungen, die entweder essbar oder leicht wiederverwertbar sind. Die Besteckausgabe ist in einem simplen System einheitlich organisiert. Was für ein schönes Beispiel für geschlossene Kreisläufe, die Müll vermeiden!

Ohne Hans Peter Hagens wären die Torvehallerne nicht zu denken. Zunächst setzte er sich dafür ein, dass Kopenhagen seine Marktkultur wiederbelebt. Als die Stadt endlich ➛

Links Lebensmittel, Bratpfannen, Street Food sind allgegenwärtig. Und doch riecht man überall die frischen Blumen von „Stalks & Roots".

signalisierte, dass sie einen zentralen Markt wolle, sagte Hagens: „Gut, dann baue ich euch die Hallen." Er ist Architekt.

In der jüngeren Geschichte Kopenhagens ist ein so gut funktionierender Markt allerdings fast anachronistisch: eine Art Vorspeise, die erst nach dem Hauptgang serviert wird. In der Gastronomie haben Kopenhagens Köche seit der Jahrtausendwende Trends gesetzt, die in der ganzen Welt beachtet wurden. Die „Nordic Food Revolution" setzt auf radikale Regionalität. Ihr berühmtester Vertreter ist René Redzepi, der bis vor Kurzem in seinem „Noma" Blumen von dänischen Wiesen, Moose und Ameisen auftischte, dann für ein Pop-up-Restaurant nach Mexiko verschwand und als Nächstes an einer Art Bauernhof-Restaurant im alternativen Stadtteil Christiania werkelt.

Das „Noma" wurde viermal zum besten Restaurant der Welt gewählt. Aber Redzepi blieb immer bescheiden und konzentrierte sich lieber auf die Suche nach Neuem. Als er sich gen Mexiko verabschiedete, ging er erst einmal hier auf den Markt und fragte Rosio, ob sie ihm dabei helfe, in Mexiko den perfekten Taco zu kreieren. Sie sagte zu und reiste mit ihm.

Märkte bringen Menschen zusammen. Und Welten. Deswegen trage ich nun auch einen Korb mit dänischen und einen weiteren mit exotischen Waren zu meinem Herd. Ach, wie schön ist Däne-*markt!* ✗

Rechts Feuerfleisch und Kimchi, die beiden koreanischen Nationalgerichte, in einem Pfannkuchen.

KOPEN-
HAGEN

IT'S MARKET DAY

Linnésgade

Brioche
Dorée

· FROKOST · DESSERT

ĀŠĀ

Bunt gemischt sind die Besucher und Gäste der Markthallen. Einheimische und Touristen gleichermaßen ziehen durch die schmalen Gänge.

KANELBULLAR

Was das Franzbrötchen für Hamburg und die Butterbrezn für München ist, das sind Kanelbullar für Kopenhagen. Bei mir gibt es sie mit Lakritzpulver.

Zutaten **für 4 Portionen**

FÜR DEN TEIG
300 ml Milch
100 g Zucker
1 Würfel Hefe
1 glatt gestrichener TL Salz
2 Eier
300 g Dinkelmehl
300 g Roggenmehl
1 TL Lakritzpulver
100 g weiche Butter
Mehl zum Arbeiten

FÜR DIE FÜLLUNG
100 g weiche bis flüssige Butter
200 g brauner Zucker
1 EL Lakritzpulver

FÜR DEN GUSS
250 g Puderzucker
3-4 EL Zitronensaft

⏱ **3h + 1 Nacht**

In einer Schüssel die Hälfte der Milch und des Zuckers mit der Hefe verrühren und für 10 Minuten quellen lassen. Anschließend die übrige Milch und den Zucker sowie Salz und Eier hinzufügen und mit dem Schneebesen verrühren. Die Masse in eine Küchenmaschine mit Knethaken geben und unter langsamem Rühren 4–5 Teile des Mehls sowie das Lakritzpulver einarbeiten. Die Geschwindigkeit etwas erhöhen und einen homogenen Teig erzeugen.

Übriges Mehl und Butter einarbeiten, bis ein geschmeidiger Teig entsteht. Mit bemehlten Händen den Teig aus der Schüssel nehmen und nochmals kräftig durchkneten, bis der Teig nicht mehr an den Händen kleben bleibt. Den Teig unter einem Tuch an einem warmen Ort für 2 Stunden gehen lassen.

Mit bemehlten Händen den Teig auf eine bemehlte Arbeitsplatte legen und kräftig durchkneten. Den Teig mit Hilfe eines Nudelholzes zu einem Rechteck ausrollen und mit flüssiger Butter einpinseln. Mit Zucker und Lakritzpulver bestreuen und das Rechteck locker von der breiten Seite her aufrollen. Die Rolle in ca. 6–7 cm breite Stücke schneiden (nicht drücken) und in einer großzügig gebutterten Auflaufform nebeneinandersetzen. Die Auflaufform abgedeckt über Nacht im Kühlschrank ruhen lassen und am nächsten Tag vor dem Backen auf Raumtemperatur bringen.

Den Backofen auf 200 °C (Umluft-Grill) vorheizen und die Kanelbullar darin ca. 30 Minuten mit Alufolie bedeckt und 15 Minuten ohne Alufolie backen, bis sie goldbraun sind.

Für den Guss den Puderzucker sieben, mit dem Zitronensaft verrühren und die lauwarmen Kanelbullar damit einstreichen.

SMØRREBRØD

Belegte Brote spielen in der dänischen Kultur eine große Rolle und gehören zum typischen Mittagstisch dazu. Regeln gibt es kaum, außer dass zu gebackener Scholle Mayonnaise gehört, zum Fleischsalat ein Champignon gelegt wird und stets mit Messer und Gabel gegessen werden soll. Ist ja schließlich kein Fast Food ...

Zutaten für 4 Portionen (12 Schnitten)

4 kleine Schollenfilets à 60–80 g
etwas Mehl
1 verquirltes Ei
Pankomehl für die Panade
Öl oder Butterschmalz
8 Scheiben Bacon
4 Champignons
1 rote Zwiebel
12 Scheiben Schwarzbrot
gesalzene Butter
Salz
gute Mayonnaise
1 kleines Glas Kapern
Zitrone
Dill
400 g Roastbeef
süße Gewürzgurken
4 Eigelb
frischer Meerrettich
400 g Fleischsalat

🐖🐑🐟 | ⏱ 0,5 h | 🍲

Die Schollenfilets in Mehl wenden, durchs verquirlte Ei ziehen und in Pankomehl wenden. Bei niedriger Temperatur in Butterschmalz oder Öl ausbacken. In einer zweiten Pfanne den Bacon kross braten und nach wenigen Minuten die halbierten Champignons dazugeben. Die rote Zwiebel auf einer Mandoline oder einem Gemüsehobel in dünne Ringe schneiden, in einem kleinen Topf etwas Öl erhitzen und die Zwiebeln darin knusprig braun ausbacken.

Die Brote mit gesalzener Butter einstreichen und mit den fertigen Zutaten belegen:

1. gesalzene Scholle mit Mayonnaise, Kapern, Stück Zitrone und Dill
2. dünn aufgeschnittenes Roastbeef mit Gewürzgurken, Eigelb (roh), Röstzwiebeln und Meerrettich
3. Fleischsalat mit Bacon und Champignons

TORTILLA Schule

Rosio Sánchez, die Inhaberin des nach ihr benannten Taco-Joints „Hija de Sánchez", serviert vom Klassiker mit geschmorter Rinderzunge bis zur modernen Variante mit Ei und Kräutern die besten Tacos der Stadt.

Zutaten für 4 Portionen  | ⏱ **0,5h** |

- 2 Tassen Masa Harina (Maismehl)
- 300 ml Wasser

Wasser und Mehl miteinander verrühren, lieber etwas weniger Wasser zu Beginn. Der Teig ist sehr anfällig und sollte nicht zu viel Wasser abkriegen. Schon wenige Teelöffel zu viel können ihn zu klebrig werden lassen. Im Gegensatz zur Patisserie kann hier allerdings gar nicht zu lange geknetet werden. Wenn der Teig homogen verarbeitet ist, in golfballgroße Stücke teilen und zu kleinen Kugeln drehen.

Die Kugeln zwischen zwei Gefrierbeuteln in der Tortilla-Presse zu Fladen pressen. In einer trockenen gusseisernen Pfanne je Seite ca. 60 Sekunden backen.

Als Füllungen eignen sich z.B. Spiegelei mit Hack und Kräutern, Gurken-Zwiebel-Salat mit Schafskäse und Chili, geschmorter Rinderbraten, Schweinebauch und viel Koriander.

Mexikos Klassiker ist das mexikanische Grundnahrungsmittel, die Maismehl-Tortilla. So einfach es klingt, so kompliziert werden die unterschiedlichen Arten dann doch noch. Gefüllt heißen die weichen Fladen Tacos. Zusätzlich noch überbacken sind es Enchiladas. Mit Weizen statt Mais und gerollt sind es Burritos. Befüllt man die Weizenfladen selbst, sind es Fajitas.

TIPP Legt euch für 15–20 Euro eine Tortilla-Presse zu, alles andere ergibt wenig Sinn. Im Notfall tut es auch ein schwerer Gusseisen-Bräter.

FABIOS BANANEN-AVOCADO-PALETA

Rosio vom heißesten Taco-Joint Kopenhagens macht die besten Paletas! Inspiriert von ihren tollen Kreationen haben wir noch am selben Tag in unserer Wohnung Eis am Stiel hergestellt – bei 30 Grad im Schatten nicht die schlechteste Idee.

Zutaten **für 4 Portionen**

220 ml Wasser
120 g Zucker
1 reife Banane
1 reife Avocado
1 Prise Salz
Saft einer halben Limette
1 TL Olivenöl

🖉 | ⏱ **6 h** | 🍲 ❄ ❄

Aus Wasser und Zucker durch Aufkochen einen Sirup herstellen und abkühlen lassen.

Banane schälen, die Avocado entkernen und das Fruchtfleisch aus der Schale löffeln.

Alle Zutaten mit dem Sirup in der Küchenmaschine zu einer glatten Masse verrühren und in die Eisformen füllen. Für 5 Stunden in den Gefrierschrank! Eisstiele nach 1,5 Stunden hineinstecken.

TIPP Eis-am-Stiel-Formen inkl. Stielen gibt es schon für wenige Euro im Internet oder im Gastronomie-Großhandel. Als Alternative eignen sich auch kleine Gläser.

ROTE-BETE-RISOTTO

Die farbintensive Knolle, auch Wurzel des Nordens genannt, ist nicht nur gesund, sondern auch wahnsinnig vielseitig: eingeweckt für den Sommer, dünn gehobelt als Salat oder als Farb- und Geschmacksstoff für Risotto.

Zutaten **für 4 Portionen**

2 Schalotten
1 Paket vorgegarte Rote Bete
(250 g)
150 g kalte Butter + etwas
mehr
300 g Risottoreis
800 ml Rote-Bete-Saft
500 ml Gemüsebrühe
50 g Parmesan, gerieben
100 g Ziegenfrischkäse
Salz
100 g Walnusskerne
frische Schafgarbe

🥕 | ⏱ **1 h** | 🍲🍲🍲

Die gewürfelten Schalotten und die vorgegarten Rote Beten in einem großen Topf (10 Liter) mit einem Stich Butter anziehen lassen. Den Reis hinzugeben und ca. 5 Minuten lang mitdünsten, bis der Reis glasig wird. Mit 200 ml Rote-Bete-Saft ablöschen und mit einem Holzlöffel so lange rühren, bis die Flüssigkeit aufgebraucht ist. Diesen Vorgang abwechselnd mit Brühe und Saft wiederholen.

Wenn die gesamte Flüssigkeit aufgebraucht ist, sollte der Reis nur noch ganz leichten Biss haben.

Den Parmesan, die in Würfel geschnittene kalte Butter sowie den Ziegenfrischkäse unterheben und mit Salz abschmecken.

Mit trocken gerösteten Walnüssen und Schafgarbe dekorieren.

 **TIPP** Ihr könnt die Walnüsse (und jede andere Nuss-Art) auch karamellisieren: Kurz mit Butter und Zucker anschwitzen und den Topf nicht unbeaufsichtigt lassen.

SCALLOP CEVICHE

Zutaten für 4 Portionen

🦪 | ⏱ **2,5h** | 🍲🍲🍲

12–16 Jakobsmuscheln
2 rote Zwiebeln
Salz
50 ml Olivenöl
Saft von 4 Limetten
2 Bird's Eye Chilis
1 Bund Koriander

Die Jakobsmuscheln vom Fischverkäufer eures Vertrauens auslösen lassen.

Die roten Zwiebeln in dünne Streifen schneiden und mit etwas Salz, dem Olivenöl und dem Limettensaft marinieren. Für ca. 1 Stunde ziehen lassen und mehrmals kräftig durchkneten.

Die Chilis in Ringe schneiden, den Koriander fein hacken.

Das Muschelfleisch je nach Größe vierteln oder achteln und mit den Zwiebeln in eine Schüssel geben. Alles gut durchmengen und mit Chili und Koriander abschmecken.

Die Ceviche abgedeckt im Kühlschrank für ca. 1 Stunde ziehen lassen und regelmäßig umrühren. Ggf. mit etwas Salz abschmecken.

Links Schnell gemacht und super aromatisch.

TIPP Lasst euch die Schalen der Muscheln säubern und nehmt sie mit nach Hause. Sie sind toll für die Dekoration oder auch, um die Ceviche darin anzurichten.

HOT DUCK

Hot Dogs sind in Kopenhagen typische Street-Food-Snacks. Meine Variante mit Enten-Bratwurst und Stachelbeeren kannten meine Freunde noch nicht.

Zutaten **für 4 Portionen**

FÜR DIE MARMELADE
500 g Stachelbeeren (TK)
500 g Gelierzucker (1:1)
2 TL Salz
Saft einer Limette

FÜR DIE HOT DUCKS
½ TL Pökelsalz
1 getrocknete Chilischote
½ TL Zimt
½ TL Muskat
2 TL getrockneter Oregano
1 TL Kubebenpfeffer
1 TL Salz
300 g Entenkeule ohne Knochen
200 g Entenbrust
100 g Entenleber und/oder Herz
1 TL Pistazien, gehackt
3 EL Traubenkernöl
2 Meter 22er- oder 28er-Naturdarm, gereinigt
8 Hot Dog Buns
100 g Portulak

🐓 | ⏱ **2-3 h** | 🍔🍔🍔

Für die Marmelade in einem kleinen Topf die Stachelbeeren und die übrigen Zutaten langsam erwärmen und einkochen lassen.

Für die Hot Ducks die Gewürze in einem Mörser fein zerreiben. Das Fleisch und die Leber in grobe Würfel schneiden und mit den Zutaten aus dem Mörser sowie gehackten Pistazien und Traubenkernöl in einer Schüssel gut miteinander verrühren und das gewürzte Fleisch durch die mittlere Fleischwolf-Scheibe drehen.

Das Hackfleisch abschmecken, mit einer Wurstmaschine (gibt es als Aufsatz für die meisten gängigen Küchenmaschinen) den gereinigten Naturdarm füllen und alle 20 cm abdrehen.

Auf einem Grill die Würste grillen, die Buns anrösten und mit Portulak und Stachelbeermarmelade servieren.

Rechts Sicherlich eines der Highlights unserer Reise: Rooftop-Grillerei zum Sonnenuntergang mit Freunden.

DEUTSCHLAND

BERLIN

MARKTHALLE NEUN

7 DINGE,
DIE MAN ÜBER DIE MARKT-HALLE NEUN WISSEN WILL

Wie steht es um die deutsche Marktkultur? In den meisten Städten findet nur an wenigen Tagen Markt statt. Gute Ware gibt es fast überall, aber kein Markt verkauft sie so gut wie die Markthalle Neun in Berlin.

VORHER NOCH NIE GEGESSEN:

Gua Bao Burger

Gedämpftes Reisbrötchen mit Rindernacken, Soja, Nüssen und Koriander.

GETRÄNKETIPP
Frisch Gezapftes bei Heidenpeters, der Brauerei unter der Markthalle.

SPEZIALTIPP
Street Food Thursday, allerdings sehr stark besucht. Frühes Kommen sichert die besten Snacks!

MARKTZEITEN
Mi, Do, Fr ab 12 und samstags ab 10 Uhr.

ADRESSE
Eisenbahnstraße 42/42, 10997 Berlin-Kreuzberg

SPEISETIPP
Ohne Übertreibung der beste Burger der Welt: bei Kumpel & Keule. Mit einer Hand essbar, bestes Fleisch, Käse, Brot und etwas Salat.

60
MARKTSTÄNDE HAT DIESER MARKT

**WEBSITE:
MARKTHALLENEUN.DE**

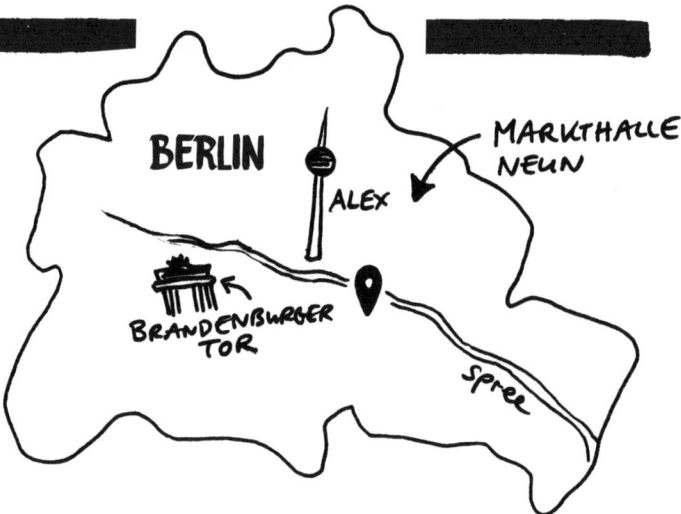

MARKTHALLE NEUN, BERLIN

In der Markthalle Neun in Berlin-Kreuzberg trifft Regionales auf Internationales, Ur-Berliner begegnen dem Easy-Jet-Set. Mit krummer Gurke und Rinderzunge präsentiert der Markt die Vielfalt der deutschen Küche neben Delikatessen aus der ganzen Welt.

Mir fallen zahlreiche Orte ein, an denen Berlin mich mit seinem leicht abgerockten Charme beeindruckt hat. Wenn man aber in Kreuzberg vor der Markthalle Neun steht und das riesige Gebäude betritt, muss man zugeben, wie wunderschön das alte Bauwerk ist und wie liebevoll es heute von den vielen Betreibern dekoriert ist. „Arm, aber sexy", lautete das Motto, das der ehemalige Bürgermeister Wowereit der Stadt mal gab. Für die Markthalle Neun möchte ich lieber vorschlagen: hungrig, aber sexy!

Am meisten gefällt mir an Berlin, wie jung die alte und neue Hauptstadt sich anfühlt. Nach der Wende hat Berlin sich neu erfunden – und dabei haben all jene geholfen, die aus der ganzen Welt hierhergezogen sind. Nach fast 30 Jahren hat das vor allem in der Gastro- und Food-Szene Spuren hinterlassen. Nirgendwo in Deutschland ist sie so visionär wie in Berlin.

Auch weil hier das Konzept forciert wird, Lebensmittel aus der Region zu verwenden, viele davon ökologisch produziert, und in die Geschichte der deutschen Küche einzutauchen. Restaurants wie der Pauly Saal, wo es Geschmortes, Gepökeltes und Innereien gibt, haben sich diesen Ansatz genauso zum Merkmal gemacht wie das fantastische Nobelhart & Schmutzig,

das ausschließlich Zutaten aus Mecklenburg-Vorpommern und Brandenburg verwendet – und wenn in Brandenburg kein Pfeffer wächst, dann gibt es eben keinen Pfeffer.

Ein ähnlicher Geist herrscht in der Markthalle Neun in Kreuzberg, in der sich Saisonales und Regionales allerdings mit Internationalem sehr gut vertragen. Das spiegelt —•

Oben Regen hält hier niemanden auf. Beim beliebten Street Food Thursday kommt halb Berlin in die ehemalige Eisenbahnmarkthalle von 1891.

sich auch in den Persönlichkeiten, die dieses Projekt mit Sinn und Verstand angestoßen haben. Nikolaus Driessen engagierte sich seinerzeit mit einer Initiative für eine sinnvolle Nutzung der Halle. Heute ist er neben Florian Niedermeier und Bernd Maier einer von drei Geschäftsführern der Markthalle. Die beiden Letzteren stammen aus Augsburg und haben schon vor langer Zeit mit der „Meierei" einen Feinkostladen für alpenländische Spezialitäten am Prenzlauer Berg eröffnet. Die Meierei hätte man damals schon als Vorgeschmack auf die Markthalle Neun sehen können. Das Großprojekt haben sie 2011 mit einem Paukenschlag eröffnet, seither scharen sich viele smarte Food-Köpfe um sie: Ur-Berliner genauso wie Zugezogene aus Deutschland und dem Ausland. Ebenso durchmischt ist das Publikum aus der Nachbarschaft und der internationale Easy-Jet-Set. Auf diesem Markt will ich nicht nur schlemmen, sondern selbst Lebensmittel produzieren.

Die Halle wurde 1891 erbaut und wie die Nummer Neun schon verrät, ist sie eine von vielen. Von den ursprünglich 14 Markthallen wurden allerdings die meisten im Zweiten Weltkrieg zerstört. Umso schöner ist es, was für ein vielfältiger Markt sich in den letzten sechs Jahren in der Halle etabliert hat – ein völlig untypischer Markt, der neben den vielen Lebensmitteln auch Blumen, Wein, Kunsthand-

PORTRÄT

CLAUDIA

Claudia Gödke, Kind der 1990er und begnadete Food-Fotografin aus der Hauptstadt, ist Köchin und Stylistin in einem. Mit mir traf sie sich im beliebten Kaffee 9 auf Cappuccino und Schokokeks und zeigte mir „ihre" Markthalle Neun.
Instagram: @cgoedke
Web: ClaudiaGoedke.com

MARKTHALLE NEUN

werk und vieles mehr anbietet. Insgesamt sind es rund 60 Marktstände.

Ebenfalls untypisch für einen Markt sind Thementage wie der Street Food Thursday, der monatliche Breakfast Market, der jeden dritten Sonntag des Monats selbstgemachte Leckereien bereithält – von Eggs Benedict über den Super-Power-Smoothie bis hin zur Bloody Mary aus Bio-Tomaten –, der Naschmarkt, der handwerkliche Süßigkeiten präsentiert, oder das einmal im Jahr stattfindende Festival Stadt, Land, Food.

Um mich hier selbst handwerklich zu betätigen, führt mich Claudia zu ihren Freunden von Kumpel & Keule, die mit ihrer Metzgerei in der Markthalle Neun eine kleine Sensation geschaffen haben, nämlich zur Zeit des großen Sterbens der Metzgereien zu zeigen, wie man es richtig macht. Die Tiere aus artgerechter Haltung werden hier als Ganzes angeliefert und vor den Augen der Marktflaneure zerteilt. „Die gläserne Metzgerei" klingt ja auch besser als „die sterbende Zunft". Jeder kann zusehen, wie hier die Messer in einem halben Rind versinken, das auf der Arbeitsplatte liegt. Einfach mal wieder verstehen, welche Arbeitsschritte so ein Steak hinter sich hat, bevor es in die Pfanne kommt.

Für mich geht es unter der Anleitung von Jörg Förstera um die Wurst, und zwar ➞

Rechts Gemüse und Obst in allen Formen und Farben.

eine Wurst mit Avocado und Koriander, die ich selbst herstelle. Neben Lebensmittel-Aktivist Hendrik Haase ist Jörg einer der Gründer von Kumpel & Keule. Jörg, Jahrgang 1988, war mit 18 Jahren einer der jüngsten Metzgermeister Deutschlands, leitete später die Fleischabteilung des KaDeWe und setzt sich seit jeher dafür ein, dem Beruf seine Würde zurückzugeben.

Das zeigt sich etwa darin, dass nichts vom Tier wegkommt. Jörg und Hendrik dürfen von sich behaupten, mit Herzblut zu arbeiten. Das Tatar vom Rinderherzen läuft nämlich gut bei ihnen, und wenn etwas nicht so stark nach-

gefragt wird wie erwartet, räuchern sie es und lagern es ein. Diese Arbeitsweise nennen sie „Nose to Tail".

Aus Abschnitten vom Zerlegen werden Patties für Burger gemacht, und – keine Übertreibung – es ist der bester Burger, den ich je gegessen habe. Die Tomaten und der Salat kommen vom brandenburgischen Händler nebenan, der Deichkäse ist ebenso regional und verbindet sich mit den anderen Zutaten zu einem Gesamtkunstwerk, das noch einmal klarmacht, warum Hendrik sich Wurstelier nennt. Weil er nämlich von Fleisch so viel versteht wie ein Sommelier von Wein.

An einem der Gemüsestände sind die Waren nach Herkunft sortiert: aus der Region, aus Europa, aus der Welt. Das könnte für die gesamte Halle stehen, und mich zieht es für die nächste Station nun in die Welt. Dazu probiere ich bei Tomas Klemann seine Gua Bao, die zu den Highlights des Street Food Thursday zählen.

Tomas ist selbst Halbtaiwanese, was zur Folge hat, dass in seiner „Bao Kitchen" nicht das Imitat einer fernöstlichen Spezialität aufgetischt wird, sondern das Original. Gua Bao ist ein taiwanesisches Brötchen aus gedämpftem Hefeteig, gefüllt mit karamellisiertem Schweinebauch, eingelegtem Senfkohl, zerstoßenen Erdnüssen, frischem Koriander und Chili-Mayonnaise. Natürlich gibt es zahlreiche Variationen, auch vegetarische. Die Zubereitung des sättigenden Snacks ist ein Schauspiel. Jedes

der vornehm blassen Brötchen erhält ein kleines Branding: „#inBAOwetrust". Geht mir nun auch so. Ein gutes Getränk muss her. Bei einem der Händler für Naturweine probiere ich einen Orange Wine, ein gehypter und nicht ganz unumstrittener Weißwein, der einige Wochen, nachdem er aus den Trauben gestampft wurde, einfach so – ohne Filtrierung, ohne Schwefelzusatz, etwas seltsam riechend und trüb, wie er ist – serviert wird. Warum das allerdings umstritten sein soll, kann ich bei dem guten Aroma nicht nachvollziehen. Nirgends wirkt dieser Wein selbstverständlicher als in einer Markthalle, in der Lebensmittel und ihre Verarbeitung so dicht beieinanderliegen.

Umso interessanter finde ich, dass unter der Handelsfläche ein Kellergeschoss liegt, in dem noch mal die gleiche Fläche für Produktion zur Verfügung steht. Die Fläche wird zwar noch nicht komplett genutzt. Da unten braut aber die Brauerei Heidenpeters eine Auswahl leckerer Biere, die direkt oben im Erdgeschoss gezapft und ausgeschenkt werden. Für mich als Pilstrinker fällt die Entscheidung leicht, Claudia wählt das Pale Ale.

Die Markthalle Neun fußt nicht nur auf einem Keller, in dem altes Lebensmittelhandwerk wiederbelebt wird, sondern auch auf einem richtig guten Konzept. Zum Abschied eine Spreewaldgurke. Oder doch noch mal beim Mexikaner in die Vitrine gucken? Am Ende entscheide ich mich für – Überraschung! – beides. ✗

Oben Ein Relikt aus alten Tagen: In dem ehemaligen Zugführerhaus sitzt heute „Der Klomann", der sich mit Leib und Seele den gekachelten Räumen verschrieben hat.

CURRYWURST

Die Bratwurst mit pikanter Sauce auf Tomatenbasis und Currypulver gehört fest zum deutschen Speiseplan. Doch wo genau kommt sie her? In diesem Falle aus meiner Rezeptsammlung, jahrelang verbessert und perfektioniert.

Zutaten **für 4 Portionen**

1 kg Kirschtomaten
200 g rote Zwiebeln
1 Knoblauchzehe
2 EL Rapsöl
½ Tube Tomatenmark
100 g Rohrzucker
100 ml Cola
100 ml Himbeeressig
1 TL Senfkörner
1 TL schwarzer Pfeffer
1 Sternanis
2 Kardamomkapseln
1 Zimtstange
ggf. etwas Speisestärke
Salz, Currypulver
4 Würste nach Wahl

🐄 | ⏱ **2 h** | 🍲 🍲 🍲

Die Tomaten halbieren. Die Zwiebeln in Streifen schneiden, den Knoblauch fein hacken. Zwiebeln und Knoblauch in etwas Rapsöl anbraten. Das Tomatenmark dazugeben und für mind. 2 Minuten mitrösten. Mit Rohrzucker karamellisieren, mit Cola sowie Essig ablöschen, die Tomaten hinzugeben. Die ungemahlenen Gewürze mit Ausnahme der Zimtstange im Mörser fein reiben und zu den Tomaten geben. Die Zimtstange dazugeben und abgedeckt für 1,5 Stunden köcheln lassen.

Die Sauce durch ein Sieb streichen und nochmals aufkochen. Ggf. mit etwas Stärke abbinden und mit Salz und Curry abschmecken.

Die Würste in einer Pfanne braten und in mundgerechte Stücke schneiden. Mit Sauce übergießen und mit Currypulver bestäuben.

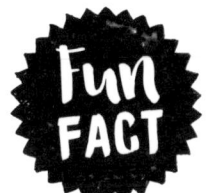

GESCHICHTE Sowohl Berlin (1949) als auch Hamburg (1947) verbuchen die Erfindung der Currywurst für sich. Beweise gibt es wohl zu wenige, und so gibt man sich mit dem zufrieden, was man hat – z.B. mit dem grandiosen Currywurst-Museum in Berlin. Hin da!

GRANOLA

**Wissen, was im Müsli ist?
Selber machen und im
Ofen rösten!**

Zutaten für 4 Portionen | ⏱ **1 h** | 🍲🍲🍲

- 6 EL Haferflocken • 2 EL Sesam
- 1 TL Olivenöl • 2 EL Honig
- 1 EL Kokosflocken
- 2 EL gehobelte Mandeln
- 2 EL Pekannüsse, gehackt
- 3 EL Cranberrys

Den Ofen auf 190 °C vorheizen (Ober-/Unterhitze). In einer Schüssel alle Zutaten mit Ausnahme der Cranberrys mischen, bis keine Klumpen mehr bestehen. Das Granola auf einem mit Backpapier belegten Backblech verteilen und auf mittlerer Schiene je nach gewünschtem Bräunungs- und Knuspergrad für ca. 30–40 Minuten backen.

Nicht wundern – Granola wird erst nach dem Abkühlen fest. Wenn das Granola nur noch lauwarm ist, kann es gebrochen und zerteilt sowie die Cranberrys eingearbeitet werden. Im Ofen würden die getrockneten Früchte sofort verbrennen und hart werden.

BERLIN BOOZE LEMONADE

**Limo mit Schuss gibt's gleich rechts
beim Eingang der Markthalle Neun.**

Zutaten für 4 Portionen | ⏱ **5 min** | 🍲🍲🍲

- 4 Gläser voll mit Crushed Ice
- 24 cl Bourbon Whiskey
- Saft von 4 Limetten
- 8 cl Zuckersirup
- 8 Zweige Minze • 1 Bio-Orange
- Soda zum Auffüllen

Die Gläser mit Eis füllen. Whiskey, Limettensaft und Zuckersirup auf die Gläser aufteilen. Die Minze zwischen den Händen kurz „anschlagen", so kommen die ätherischen Öle besser raus. Die Minze ins Glas stecken, ein Stück Orangenschale dazu und mit Soda oder Mineralwasser auffüllen.

KÜRBISLAKSA

Zutaten für 4 Portionen  | ⏱ 1 h | 🍲🍲🍲

FÜR DIE PASTE
- 1 rote Zwiebel • 6 cm Ingwerwurzel
- 2 Chilis • 2 Knoblauchzehen
- Stiele von 1 Bund Koriander
- 2 EL Kokosöl • Saft von 3 Limetten

FÜR DIE LAKSA
- ½ Hokkaidokürbis (ca. 500 g)
- 4 Frühlingszwiebeln • 1 EL Ghee
- 4 x 80 g Schellfischfilet
- 8 White-Tiger-Garnelen
- 400 ml Kokosmilch • 400 ml Gemüsebrühe
- 1 EL Hummerpaste • Salz, Zucker
- 200 g Reisbandnudeln • 8 Salbeiblätter
- etwas Öl zum Frittieren • Koriandergrün

Für die Paste Zwiebel, Ingwer und Chilis grob hacken und mit den restlichen Zutaten im Mörser zerreiben oder mit dem Pürierstab mixen.

Den Kürbis in kleine Würfel oder Spalten schneiden und die Frühlingszwiebeln in lange Stifte.

In einem Wok das Ghee erhitzen und darin den Schellfisch, den Kürbis, die Frühlingszwiebeln und die Garnelen anbraten. Wenn die Meeresfrüchte Farbe bekommen haben, zusammen mit Zwiebeln und Fisch herausnehmen und die Paste in den Wok geben. Ca. 3 Minuten mit dem Kürbis zusammen weiter anrösten. Mit Kokosmilch und Gemüsebrühe ablöschen, die Hummerpaste einrühren und mit Salz und Zucker abschmecken. Für ca. 25 Minuten leicht köcheln lassen.

Anschließend die Reisbandnudeln, die Garnelen und den Schellfisch hinzugeben und nochmals 4 Minuten köcheln lassen. In einer kleinen Kasserolle Öl erhitzen und die Salbeiblätter darin frittieren.

Mit Kürbis, Koriander und Zwiebeln anrichten.

AVOCADOWURST

by Kumpel & Keule

Zutaten für 4 Portionen | 🐷 | ⏱ 1 h | 🍗 🍗 🍗

400 g Schweineschulter,
z.B. vom Mangalica-Schwein
100 g Speck
1 TL Salz
½ TL Cumin
½ TL Majoran
Pfeffer, frisch gemahlen
1 Limette
2 Avocados
½ Bund frischer Koriander
ca. 2 Meter 22er- oder 28er-Naturdarm,
gereinigt

Fleisch und Speck würfeln, alle Zutaten bis auf Limette, Avocados und Koriander durch die mittlere Scheibe des Fleischwolfs drehen. Die Avocados halbieren, den Kern mit einem Löffel entfernen, das Fruchtfleisch von der Schale lösen und fein würfeln. Den Koriander hacken, die Limette auspressen und beides zusammen mit der Avocado unter das Brät heben.

Mit einer Wurstmaschine (gibt es als Aufsatz für die meisten gängigen Küchenmaschinen) den Darm füllen und alle 20 cm abdrehen. Die Würste frisch auf den Grill legen.

Oben Was der Sommelier für den Wein, ist der Wurstelier für das Fleisch.
Rechts Wurst mit Avocado, da muss man erst mal drauf kommen ...

LINSENSUPPE

Als Sohn einer Berlinerin bin ich mit Linsensuppe aufgewachsen und beherrsche diesen deftigen Eintopf im Schlaf. Etwas Essig und eine dicke Scheibe Brot mit guter Butter, und das Abendessen ist perfekt.

Zutaten **für 4 Portionen**

150 g Speckwürfel
½ Sellerieknolle
1 Gemüsezwiebel
1 Karotte
300 g Tellerlinsen
1 Glas Weißwein
2 Lorbeerblätter
1 TL Zucker
2 l Gemüsebrühe
Salz & Pfeffer
Essig
4 Kohlwürste
4 Bockwürste
Schnittlauchröllchen

⏱ **1,5 h**

In einem großen Topf Speck anbraten. Den Sellerie, die Zwiebel und die Karotte fein würfeln und zum Speck geben. Die Linsen kurz mit anschwitzen und mit dem Weißwein ablöschen. Lorbeer, Zucker und Brühe dazugeben und unter regelmäßigem Rühren die Linsen gar ziehen.

Wenn die Linsen fertig gegart sind, ein Drittel der Suppe entnehmen, pürieren und zurück in den Topf geben. Mit Salz, Pfeffer und Essig abschmecken, die Würste in der heißen Suppe gar ziehen und evtl. mit Schnittlauch bestreuen.

LINSEN WASCHEN Die Linsen vor dem Kochen in mehreren Durchgängen waschen, so entfernt man eventuellen Schmutz und die Linsen werden zugleich bekömmlicher.

ROTE GRÜTZE

Ein deutsch-skandinavischer Klassiker, der perfekt zeigt, dass man das Thema Konservierung und Haltbarmachung schon früher ernst genommen hat. Sommerliche Beerenfrüchte für den Winter einwecken? Gekauft!

Zutaten **für 4 Portionen**

30 g Maisstärke
400 ml Johannisbeersaft
100 g Zucker
1 Vanilleschote, Mark ausgekratzt
200 g Kirschen, entsteint
200 g Johannisbeeren
200 g Blaubeeren
1 Bio-Orange
200 g Erdbeeren, geviertelt
200 g Himbeeren
2 EL Pistazien
Sahne

🥕 | ⏱ **1 h** | 🍲

Die Maisstärke mit ein paar Esslöffel Johannisbeersaft glatt rühren. In einem Topf den übrigen Saft mit dem Zucker erhitzen und die ausgekratzte Vanilleschote zusammen mit dem Mark dazugeben. Wenn der Zucker sich aufgelöst hat, mit der Maisstärke-Mischung abbinden und Kirschen, Johannisbeeren und Blaubeeren zur Flüssigkeit geben. Für ca. 2 Minuten mitköcheln lassen.

Inzwischen die Orangenschale abreiben. Die Temperatur reduzieren, Orangenabrieb und die übrigen Früchte unter die heiße Masse heben. Die Rote Grütze abkühlen lassen und mit Sahne und gehackten Pistazien servieren.

EINWECKEN In sauber und heiß ausgekochte Gläser gefüllt hält die Grütze unter Vakuum mehrere Jahre. Neben Sahne passt auch Vanillesauce oder Eiscreme.

KÖNIGSBERGER KLOPSE

Meine Leibspeise und wichtigstes Gericht meiner Kindheit. Noch heute wünsche ich mir gerne eine Portion „Königsberger", wenn ich nach Hause fahre.

Zutaten **für 4 Portionen**

1 große Zwiebel
2 alte Brötchen
1 Bund glatte Petersilie
2 Gläser Kapern (200 g)
8 mittelgroße festkochende Kartoffeln
300 g kleine Rote Beten
800 g gemischtes Hackfleisch
1 Knoblauchzehe
Salz & Pfeffer
Öl zum Frittieren
3 EL Butter
3 EL Mehl
1 Schuss Sahne

🐄🐑 | ⏱ 1 h | 🍲🍲🍲

Die Zwiebel halbieren und in einer trockenen Pfanne an der Schnittfläche schwarz rösten. Alte Brötchen in etwas Wasser einweichen. Petersilienblätter von den Stielen zupfen, Stiele aufheben, Blätter hacken. Kapern abgießen, Flüssigkeit auffangen. Einen Topf mit Wasser erhitzen und die Petersilienstiele, die geröstete Zwiebel sowie die Kapernflüssigkeit hinzugeben.

Zwei weitere Töpfe mit Wasser aufstellen und darin die Kartoffeln und die Roten Beten getrennt garen und anschließend schälen (für die Roten Beten Handschuhe benutzen).

Das gemischte Hack mit gehackter Petersilie, Kapern aus einem Glas, einer gepressten Knoblauchzehe sowie den ausgedrückten Brötchen gut vermischen und mit Salz und Pfeffer kräftig abschmecken. Durch das Sieden geht wieder etwas Würzung verloren. Die Masse zu kleinen Klopsen formen.

Die Klopse im siedenden, nicht kochenden Sud für ca. 12 Minuten (je nach Größe) garen. Inzwischen die restlichen gut abgetropften Kapern in einem kleinen Topf mit Sonnenblumenöl für 30 Sekunden frittieren. Abtropfen lassen und leicht salzen.

Aus Butter und Mehl eine Mehlschwitze zubereiten und mit 400 ml Klopse-Kochsud aufgießen. Mit 1 Schuss Sahne zu einer Sauce kochen. Alles zusammen servieren.

ÜBER UNS

Wochenmarkt
Jeden Dienstag und Freitag von 12-18 Uhr
und jeden Samstag von 10-18 Uhr

STREET FOOD
THURSDAY
JEDEN DONNERSTAG 17⁰⁰-22⁰⁰

Breakfast market
Jeden 3. Sonntag im Monat
von 10-17

MARKT
HALLE
NEUN

KALENDER

August

Mo	1	M	
Di	17		
		Mi	
	18		
Mi	3	Do	Street Food Thursday A-3⁰⁰
Street Food Thursday A-2⁰⁰	4	Fr	Wochenmarkt 12-18⁰⁰
	20		
Wochenmarkt 12-18⁰⁰	5	Sa	Wochenmarkt 10-18⁰⁰	Berlin Pudding 12-15
	21		Breakfast Market "Japan" 10-18
Wochenmarkt 10-18⁰⁰	6	So	Berlin Pickt Käsekultur 16-19
	22		
	7	Mo	
	23		
	8	Di	Wochenmarkt 12-18
Wochenmarkt	24		
	9	Mi	
	25		
Wochenmarkt 12-18⁰⁰	10	Do	Street Food Thursday A-2⁰⁰
	26		
Street Food Thursday A-2⁰⁰	11	Fr	Wochenmarkt 12-18⁰⁰
Handkäse Talk 18	27		
Wochenmarkt 12-18⁰⁰	12	Sa	Wochenmarkt 10-18⁰⁰
	28		
Wochenmarkt 10-18⁰⁰	13	So	
	29		
	14	Mo	
	30		
	15	Di	Wochenmarkt 12-18
	31		
Wochenmarkt 12-18⁰⁰	16	Mi	

MARKT
HALLE
NEUN

SUIAS PULLED BEEF

Gezupftes Rindfleisch gilt als eine der Königsdisziplinen unter Grillern und Barbecue-Nerds.

Zutaten für 4 Portionen | ⏱ **12–20 h** | 🍲 🍲 🍲

- 1,1–1,4 kg Rindernacken, durchwachsen
- 50 g BBQ-Trockenrub • 40 g Zucker
- 300 ml BBQ-Sauce

Den Rindernacken etwas anfeuchten und den Trockenrub eures Vertrauens kräftig einmassieren. Den Gasgrill auf 120 °C vorheizen, eine Metallschale mit 300 ml Wasser auf den Rost stellen und das Fleisch direkt danebenlegen.

Bei geschlossenem Deckel kann das Fleisch für die nächsten 12–20 Stunden vor sich hinschmoren. Spätestens bei einer Kerntemperatur von 95 °C ist allerdings genug des Wartens: Fleisch mit Gabeln oder Meat-Claws zerzupfen.

Vermengt mit BBQ-Sauce oder würzigem Ketchup passt das Pulled Beef zwischen Burger Buns, Hot-Dog-Brötchen oder kurz geröstete Toastscheiben. Frohes Grillen!

Links unten Abwechslungsreiches Programm: Die Markthalle Neun begeistert mit vielen Thementagen und Events.

BÁNH BAO BUNS

Mittlerweile unzählige Varianten verputzt, und trotzdem bleibt die Gewissheit, dass die ersten die besten waren. Mein Rezept für die gedämpften Reisbrötchen, inspiriert von Tomas' Bao Kitchen. Guten Appetit!

Zutaten **für 6 Portionen**

FÜR DEN TEIG
3 g Trockenhefe
50 ml Wasser
100 g Reismehl
1 TL Zucker
Salz
1 TL Rapsöl
2 TL Backpulver

🥄 | ⏱ **5 h** | 🍲🍲🍲

Trockenhefe, 1 EL Wasser, 1 TL Mehl und ½ TL Zucker in einer großen Schüssel miteinander verrühren und für ca. 30 Minuten quellen lassen.

Anschließend eine Prise Salz, den übrigen Zucker, restliches Mehl und Wasser hinzufügen und nochmals kräftig durchkneten. Den Teig in eine geölte Schüssel geben und für 3 Stunden an einem warmen Ort abgedeckt gehen lassen.

Das Backpulver über den Teig streuen und wiederum kräftig durchkneten. Den Teig in 4 gleich große Kugeln teilen und auf ein Backblech mit Backmatte legen. Abgedeckt nochmals 1 Stunde gehen lassen.

Die Teiglinge mit einem bemehlten Nudelholz auf Scheiben von ca. 12–15 cm ø ausrollen.

Einen Dim-Sum-Korb (Bambusdämpfer mit Deckel aus dem Asiamarkt) mit den Teiglingen befüllen und über einen Topf mit Wasser stellen (der Korb darf nicht im Wasser stehen). Das Wasser zum Dampfen bringen (nicht zum Kochen) und die Teiglinge bei geschlossenem Deckel ca. 20 Minuten lang dämpfen.

DIE FÜLLUNG Die Gua Bao Buns können mit allem befüllt werden, was das Herz begehrt. Unsere Freunde von Bao Kitchen haben uns geschmorten Rindernacken, Koriander, Chili und Erdnüsse dazwischengeklemmt. Aber auch pochierte Eier, Hackfleisch, Pulled Pork, Schweinebauch, Tofu oder gegrilltes Gemüse passen gut zu den leicht süßlichen Dampfbrötchen.

Links oben Neben dem K&K-Burger die längste Warteschlange – doch jede Minute hat sich gelohnt.

NIEDERLANDE

Amsterdam

TEN KATEMARKT

7 DINGE,
DIE MAN ÜBER DEN TEN KATEMARKT WISSEN WILL

Ein echter Markt für echte Amsterdamer: Auf den Ten Katemarkt treibt es wenige Touristen – obwohl sich hier erleben lässt, wie alte und neue Marktstruktur zusammenwachsen.

SPEISETIPP
Frische Windbeutel oder, wie sie in Amsterdam heißen, Bossche Bol bei Adrie Straathof.

VORHER NOCH NIE GESEHEN:
Geräucherte Kiemen
Eine spezielle Delikatesse von Fischhändler Jam sind die geräucherten Fischkiemen.

MARKTZEITEN
Täglich 9 – 17 Uhr, außer sonntags.

ADRESSE
Ten Katestraat 97–99, 1053 Amsterdam

130
MARKTSTÄNDE HAT DIESER MARKT

WEBSITE:
TENKATEMARKT.NL

GETRÄNKETIPP
Eine von aberhunderten Gin-&-Tonic-Kombinationen an der G&T Bar.

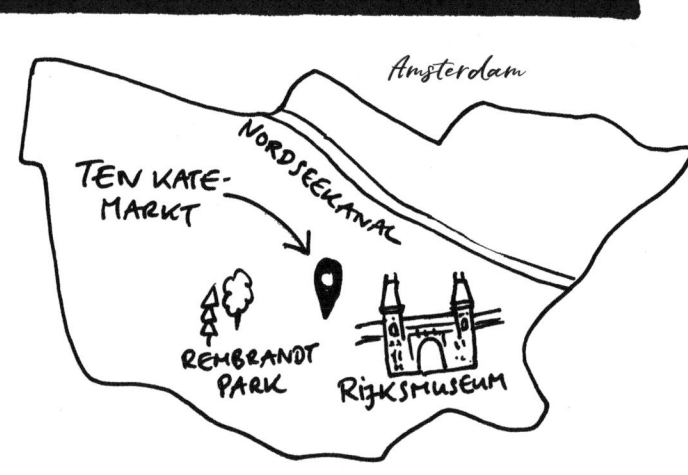

TEN KATEMARKT, AMSTERDAM

Amsterdam ist berühmt für seine Blumen-, Käse- und Antiquitätenmärkte. Ein ganz besonders „gezelliger" Markt findet sich in einem ehemaligen Arbeiterviertel am Rande des belebten Zentrums. Der Ten Katemarkt, der zuletzt mit „De Hallen" einen aufregenden neuen Nachbarn bekommen hat.

Müsste man Amsterdam mit einem einzigen Wort beschreiben, dann wäre das „gezelligheid". Das Wort lässt sich schwer ins Deutsche übersetzen, aber wer einmal im Frühling oder Sommer durch die Straßen von Amsterdam gelaufen ist, der braucht keine Übersetzung mehr. Man bekommt ein Gefühl für „gezelligheid", für die Gemütlichkeit, die es meint, das wohlig Vertraute, das Beisammensein und miteinander Genießen. Also eigentlich für alles, was man auch auf einem Markt erleben kann.

Damit ich selbst es in Amsterdam „gezellig" genug haben werde, dient mir kein normales Apartment als Bleibe, sondern ein Hausboot – ein richtig alter Kahn, dessen Kombüse komplett mit dick lackiertem Holz ausgebaut ist, unglaublich urig und mit einem guten Gasherd ausgestattet. Auf diesem Hausboot will ich am Abend für ein paar Freunde und Bekannte kochen.

PORTRÄT
NINA

Nina Hartmann ist vor vielen Jahren von Hamburg nach Amsterdam gekommen. In der Modebranche ging es steil bergauf. Sie ist Head of Marketing & Communication beim Haute Couture Label Viktor & Rolf und führt uns durch ihren Stadtteil.
Instagram: @missdenina

Eine gute Freundin von mir, Nina, lebt seit vielen Jahren in Amsterdam, arbeitet hier in der Modebranche, ist viel auf Reisen und sagt: „Nichts ist nach einer Geschäftsreise so schön wie ein Nachmittag auf dem Ten Katemarkt."

Schon der Weg zum Ten Katemarkt ist eine kleine Reise in die wahre „gezelligheid". Man verlässt die von Touristen überrannten Pfade entlang des Damraks, sieht keine Rotlichtreklamen und Coffee-Shops mehr, sondern einladende Cafés und Restaurants, überquert eine etwas breitere Gracht, woran man merkt, dass man das innere Zentrum verlässt und schließlich in dem Stadtteil Oud-West landet, was Alt-West heißt. Hier wird die Kinkerstraat von der Ten Katestraat gekreuzt und auf ihr liegt der Markt.

Eine Siesta wie in Madrid ist hier undenkbar. Die Niederländer sind für ihre Emsigkeit bekannt, und so wird jeden Tag von Montag bis Samstag, von 9 bis 17 Uhr Markt ⟶

TEN KATEMARKT

betrieben. Die Stände stehen direkt auf der Straße, wie auf einem Wochenmarkt in deutschen Städten. In zweiter Reihe, in den Häusern, gibt es hier und da noch Lebensmittelläden, aber auch reine Wohnhäuser.

Dass die Holländer so gerne Blumen anbauen, springt hier gleich ins Auge. Noch mehr aber der viele Käse. Ein kurzer Blick in die Theken genügt, um festzustellen, dass es weit mehr als Gouda, Edamer und Maasdammer gibt. Zum Beispiel Delft's Blauw, einen Blauschimmelkäse, benannt nach dem bekannten blauweißen Porzellan aus Delft.

Wenn die Niederlande so etwas wie eine heilige Schutzgöttin des Goudas hätten, könnte das die Dame sein, die mich mit roten Wangen an ihre Theke winkt. Ob ich nicht etwas probieren wolle? Mit ihrer Schürze und der Haube auf dem blonden Haupt sieht sie aus wie von einer Werbeagentur gecastet.

Am besten verkaufe sie hier die lang gereiften Gouda-Sorten, „overjarig", also über ein Jahr lang gereift, was den Käse würzig mache. Ja, gerne probiere ich. Ihr Mann betreibe in der Innenstadt einen gut laufenden Käseladen. Vor ein paar Jahren hätten sie sich dazu entschieden, hier den Stand aufzumachen, weil der Stadtteil sich sehr verändert.

An einem Vormittag wie diesem tummelt sich hier eine bunte Mischung an Leuten, die sich kaum beschreiben lässt. Als ich später bei Bäcker Adrie Straathof

in der Backstube stehe, erzählt er über den Stadtteil: Es sei früher ein Arbeiterviertel gewesen. „In den Siebzigern waren es dann eher Arbeitslose, in den Achtzigern kamen viele Migranten hinzu, in den Neunzigern die Studenten, ja, und heute", setzt er lachend hinzu, „kommen auch Yuppies." Er muss es wissen. Schon 1972 ließ er sich mit seinem Familienbetrieb am Ten Katemarkt nieder und hat es nie bereut.

Dass der Markt auch einen orientalischen Einfluss hat, kommt ihm zugute. Es gibt Gewürze, Nüsse, Hummus und Trockenfrüchte zu sehr guten Preisen. Und Adrie backt sein Sauerteigbrot mit Olivenöl. Mit Olivenöl? Ist das ein holländisches Rezept? „Wer weiß denn schon, was ‚dutch' ist?", fragt er, halb auf Deutsch, halb auf Englisch. Dann kommen wir weiter vorne in der Backstube vom Sauerteig endlich zu den süßen Sachen, auf die ich schon länger schiele. Da stapeln sich Bleche mit „Bossche Bol", holländischen Windbeuteln. Kann man nicht anders sagen: Das waren die besten Windbeutel meines Lebens.

Ich verabschiede mich von Adrie mit einer großen Tüte

Roggenbrötchen, damit ich heute Abend auf dem Hausboot Fischbrötchen mit Guacamole zubereiten kann. Dazu fehlt mir noch der Kabeljau. An einem der besten Plätze auf dem Markt, an der Ecke Bellamystraat, steht Fischhändler Jam seit über 30 Jahren. Bei ihm gibt es wilden Kabeljau, Wildlachs, jungen Matjes und Krabben.

Zum Probieren reicht er mir die geräucherten Kiemen eines Fisches, was hier eine Delikatesse ist, aber nicht teuer – ein leckerer Fischhappen für zwischendurch, festes Fleisch, milder Geschmack. Der Ten Katemarkt ist als ein Markt der kleineren Leute entstanden und das merkt man bis heute. Auch daran, dass es bei Jam Teile von Fischen zu kaufen gibt, die man auf anderen Märkten nicht in der Vitrine finden wurde. Das ändert aber nichts daran, dass sich aus diesen Abschnitten eine fantastische Fischsuppe kochen lässt.

Für den größeren Hunger halten Imbissbuden Pommes bereit, mit selbstgemachter Frittensauce oder auch „Warm Vlees", quasi ein entfernter Verwandter des Pulled Pork. Wer es reichhaltiger ➝

Links Ohne Käsecroissant lässt Adrie dich nicht gehen.

oder exotischer braucht, findet in unmittelbarer Nähe des Marktes ein riesiges Angebot.

Direkt an der Ten Katestraat liegen „De Hallen", ehemalige Werkhallen der Bahn, in denen nun statt der Züge Massen von Food-Begeisterten einfahren, die natürlich auch den angrenzenden Markt beleben. In den Hallen findet sich zwischen holländischen Spezialitäten auch Street Food aus aller Welt – in gelungen restaurierter Architektur. Außerdem beheimaten die Hallen ein Kino, eine Bibliothek,

TEN KATEMARKT

Co-Working-Spaces, Fahrradhändler und Modeläden.

Hier lasse ich mich für eine Pause nieder und gehe meine Einkäufe durch, ob ich alles, was ich für heute Abend brauche, auch habe. Meine Freundin Nina

erzählte so schön von den Nachmittagen am Markt, die „gezellig" werden, bei Kaffee und Pannekoek oder bei einem Lager und Borrelhapjes, den typischen Häppchen, die man hier bekommt. Werde ich heute Abend ein angemessenes Buffet auftischen können? Ja, die Einkäufe vom Ten Katemarkt sehen ganz danach aus. Einzige Herausforderung: Es darf nun hier in der sich langsam füllenden Halle nicht zu „gezellig" werden, sonst stehe ich in meiner Kombüse nicht pünktlich am Herd. ✗

Links Kochen in der kleinsten Schiffsküche Amsterdams. **Oben** Brücken und Grachten, wohin das Auge reicht.

ROTE-BETE-SUPPE

Zutaten für 4 Portionen | ⏱ **0,5 h** | 🍲🍲🍲

FÜR DIE GURKEN
- 1 kg Mini-Gurken • 200 g Schalotten
- 1 Bund Meerfenchel oder Fenchelkraut
- 600 ml Wasser • 150 ml Traubenessig (10%)
- 3 Wacholderbeeren • 3 EL Zucker
- 5 TL Salz • 3 g Einmachhilfe

FÜR DEN MEERRETTICH-SCHMAND
- 4 EL Meerrettich, frisch geraspelt
- 8 EL Schmand • ½ TL Salz • weißer Pfeffer
- Saft einer Limette

FÜR DIE SUPPE
- 500 g Rote Bete, geschält
- 150 g mehlige Kartoffeln
- 50 g Butter • 1 l Gemüsefond
- Salz & Pfeffer • Saft einer Limette
- etwas Schnittlauch

Die Gurken und die Schalotten mit dem Fenchelkraut in ein luftdicht verschließbares Gefäß füllen. Wasser, Essig, Wacholder, Zucker, Salz und Einmachhilfe aufkochen und durch ein Sieb über die Gurken gießen, bis diese vollends bedeckt sind. Ggf. mit einem Stein (oder einem Teller) leicht beschweren, damit die Gurken unten bleiben.

Für den Schmand alle Zutaten zusammenmischen und abschmecken.

Für die Suppe die Roten Beten und die Kartoffeln in kleine Würfel schneiden (Gummi-Handschuhe sind empfohlen, das hält die Hände sauber) und in Butter anbraten. Mit Gemüsefond ablöschen und die Beten und Kartoffeln gar kochen. Alles zusammen mit dem Pürierstab oder in der Küchenmaschine fein pürieren, mit Salz, Pfeffer und Limettensaft abschmecken und mit Schnittlauch garnieren.

SCHWARZBROT-TRIFLE

Zutaten für 4 Portionen | ⏱ **0,5h** | 🍲🍲🍲

- 300 g Schwarzbrot/Pumpernickel
- 400 g griechischer Joghurt
- 1 Bio-Zitrone
- 4 EL Honig
- 200 g Himbeeren
- 200 g Blaubeeren
- 100 g Kürbiskerne

Das Schwarzbrot mit den Händen in eine Pfanne bröseln und nach und nach bei mittlerer Hitze ohne Fett anrösten. Den Joghurt mit dem Saft einer Zitrone und etwas Schalenabrieb glatt rühren. Den Honig zum Schwarzbrot geben und kurz karamellisieren lassen.

Den Trifle könnt ihr jetzt in ein großes Glas schichten oder in viele kleine, damit jeder eins bekommt. Mit Schwarzbrot anfangen und dann abwechselnd mit Beeren, Joghurt und Kürbiskernen zu einem kompakten Trifle schichten.

Oben rechts Eine klassische Marktstraße. Jeden Morgen aufs Neue bauen die Händler ihre Stände vor den Läden in zweiter Reihe auf.

PILZ-KÄSE-OMELETT

**Käse ist in den Niederlanden allgegenwärtig.
Ein vegetarisches Pilz-Käse-Omelett mit Kräutersalat ist schnell
gemacht, gesund und megalecker.**

Zutaten **für 4 Portionen**

500 g gemischte Pilze
100 g Parmesan
10 Bio-Eier
300 ml Sahne
2 EL schwarzer Sesam
Butter zum Braten
200 g Pimpinelle
Salz & Pfeffer

🌶 | ⏱ **20 min** | 🍲 🍲 🍲

Die Pilze waschen, trocknen und in mundgerechte Stücke schneiden. Die Hälfte des Parmesans raspeln, die andere Hälfte hobeln. In einer Schüssel die Eier, die Sahne, den Sesam und den geraspelten Parmesan miteinander verrühren. Zwei Pfannen mit Butter erhitzen und die Pilze auf beide Pfannen aufteilen. In die eine Pfanne die Ei-Sahne-Mischung geben, Hitze auf Stufe 3 (von 10) reduzieren und 5 Minuten offen stocken lassen, anschließend 5 Minuten bei geschlossenem Deckel. In der anderen Pfanne die Pimpinelle hinzugeben, mit Salz & Pfeffer abschmecken.

Das Omelett mit Pilz Kräuter-Mischung und gehobeltem Parmesan anrichten.

DICK ODER DÜNN? Think big, sagt sich der Amerikaner bei so ziemlich allem. Auch beim Omelett mag er es dick und saftig, während der Niederländer eher Omeletts in Crêpe-Format bevorzugt und sauber faltet.

SESAM WINGS

**Als großer American-Football-Fan fiebere ich
jede Saison auf den Super Bowl hin. Der perfekte Snack dafür?
Chicken Wings mit Sesam und feurigen Chilis.**

Zutaten **für 4 Portionen**

16 Hühnerflügel
2 Knoblauchzehen
2 frische Bird's Eye Chilis
2 Limetten
3 EL Honig
1 EL Sambal Oelek
1 EL Sesamöl
2 EL Worcestershiresauce
1 TL Tabasco
1 EL Erdnussöl
2 EL Sesam
2 EL Stärkepulver

🐔 | ⏲ **3 h** | 🍲🍲🍲

Die Hühnerflügel waschen und trocknen, beiseite stellen.

Die Knoblauchzehen und die Chilis fein hacken, die Limetten auspressen. Knoblauch, Chili und Limettensaft mit allen weiteren Zutaten bis auf die Stärke zu einer sämigen Marinade anrühren.

Die Hühnerflügel mit Stärkepulver bestäuben und in der Sesam-Marinade sorgfältig wälzen. Mit Frischhaltefolie abdecken und im Kühlschrank 2 Stunden ziehen lassen.

Den Ofen auf 200 °C (Ober-/Unterhitze) vorheizen. Die Hühnerflügel nochmals kräftig umrühren und auf einem mit Backpapier belegten Backblech verteilen. Im Ofen insgesamt 25 Minuten knusprig garen. Die Sesam Wings nach ca. 20 Minuten umdrehen.

Wer die Flügel besonders knusprig mag, dreht den Ofen die letzten 5 Minuten auf die Grillfunktion. Aber Achtung: Durch den Honig karamellisiert die Marinade schnell und das Fleisch wird zügig gebräunt.

SAUBERE PFOTEN So lecker die Wings auch sind, so viel Sauerei machen sie. Eine Schale Wasser pro Person mit Zitronen oder Limetten macht zwischendurch die Finger sauber. Außerdem riechen sie dann wieder gut.

TOO
SPICY?

Wem die Wings zu scharf sind, der kann getrost auf Sambal Oelek, Tabasco und frische Chilis verzichten. 1 TL Erdnussbutter und 1 TL Sojasauce lassen eure Wings dann eher asiatisch-würzig daherkommen.

RATATOUILLE

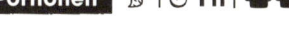

Zutaten für 4 Portionen 🥕 | ⏱ 1 h | 🍲🍲🍲

- 1 Aubergine • 1 große Zucchini
- 4 Tomaten • 1 Knoblauchzehe • 2 TL Salz
- 1 EL Olivenöl + etwas zum Fetten der Form
- 1 TL Cumin • 400 ml Tomaten-Grundsauce
  (siehe die Sauce für die Currywurst ohne
  Curry, S. 73)
- 120 g Old Amsterdam • 2 Zweige Rosmarin

Den Backofen auf 140 °C (Ober-/Unterhitze) vorheizen. Das Gemüse in gleich dicke Scheiben schneiden und in eine Schüssel geben. Knoblauch darüberpressen, alles mit Salz, Öl und Cumin verrühren.

Die Grundsauce in eine gefettete Auflaufform füllen und die Gemüsescheiben kreisförmig dicht an dicht einschichten. Im Backofen für 30 Minuten garen. Den Käse reiben.

Die Ratatouille herausnehmen, mit dem Käse bestreuen, Rosmarinzweige darauflegen und nochmals für 7–8 Minuten im Ofen bei Grillfunktion gratinieren.

Rechts Durch diese Käsevielfalt muss man sich erst mal durchkosten.

ZIEGENKÄSE IM SPECKMANTEL

 Zutaten **für 4 Portionen**

🍳 | ⏱ **1 h** | 🍲🍲🍲

8 Mini-Rote-Beten
4 Rollen Ziegenkäse (à 200 g)
32 Scheiben Bacon
8 Aprikosen
Öl zum Braten
250 g Spinatsalat
Honig, Salz & Pfeffer

Den Ofen auf 140 °C (Umluft) vorheizen. Die Roten Beten in Salzwasser garen und schälen.

Die Ziegenkäse-Rollen vierteln, mit je 2 Scheiben Bacon umwickeln und im Ofen für 10 Minuten vorgaren.

Die Aprikosen entkernen und vierteln, in einer Pfanne in etwas Öl anbraten und beiseite stellen. Anschließend die Beten halbieren und in derselben Pfanne kräftig anbraten, beiseite stellen.

Die Ziegenkäse-Pakete aus dem Ofen nehmen und rundherum für einige Minuten in etwas Öl knusprig braten.

Mit frischem Spinatsalat anrichten, mit Salz, Pfeffer und Honig abschmecken.

Rechts Frisches Obst verliert beim Braten Wasser und schmeckt danach noch intensiver.

FABIOS FRIED SQUID

Kurz gebraten, frittiert oder sogar roh – die kleinen Tintenfische haben es mir angetan, seit Vassili, mein ehemaliger Sous-Chef, mir in der Tarterie eine Portion zubereitet hat. Finger nicht verbrennen!

Zutaten **für 4 Portionen**

4 Frühlingszwiebeln
1 rote Zwiebel
1 Paket Zuckerschoten
3 Limetten
80 ml Milch
1 Knoblauchzehe
Traubenkernöl für die Aioli
Salz
16 Calamaretti (vom Fischhändler geputzt)
Öl zum Frittieren
2 EL Mehl
2 EL Wasser

Die Frühlingszwiebeln putzen, die rote Zwiebel achteln. Beides in etwas Öl in der Pfanne anschwitzen. Die Zuckerschoten in Julienne schneiden. Die Limetten auspressen.

In einem Messbecher Milch und Knoblauch mit dem Stabmixer pürieren und tröpfchenweise Traubenkernöl unterschlagen, bis eine sämige, mayonnaiseartige Konsistenz entsteht. Mit Limettensaft und Salz abschmecken.

Jetzt wird es etwas tricky: Die Klinge eines Messers in die Tube eines Calamaretto schieben und mit einem anderen Messer im Abstand von 5 mm durch das Fleisch schneiden. Die eingeschobene Klinge in der Tube verhindert, dass man den Calamaretto ganz durchschneidet. (Danke für den Tipp, Vassili!)

Das Frittierfett erhitzen, währenddessen Mehl und Wasser zu einem Teig verrühren. Die Calamaretti kurz durch den Teig ziehen und dann im Fett goldbraun ausbacken.

Mit Aioli, gebratenen Zwiebeln und Julienne von der Zuckerschote anrichten.

LAKTOSEFREI? Ersetzt die Kuhmilch einfach durch Hafer- oder Sojamilch.

Käse über Käse, so weit das Auge reicht. Die Niederlande sind nicht ohne Grund das Käseland Nr. 1. Schließlich genießt man hier Käse von morgens zum Frühstück bis abends zum Bier.

LAMMBRATWURST

Wurst selber machen ist kein Hexenwerk. Für fast alle Küchenmaschinen gibt es mittlerweile passende Aufsätze, Naturdarm gibt es in jeder Metzgerei und das Beste: Man spart eine Menge Geld, wenn man auf Vorrat wurstet.

Zutaten **für 4 Portionen**

800 g Lammschulter
2 Knoblauchzehen
2 Schalotten
1 EL Cumin
1 EL scharfes Paprikapulver
1 EL Salz
1 EL Pfeffer, frisch gemahlen
1 EL Piment d'Espelette
1 EL Harissa
1 TL Kurkuma
1 EL Olivenöl
ca. 2 Meter 22er- oder
28er-Naturdarm, gereinigt
4 Laugen-Buns
Cocktailsauce
gehackte Kräuter nach
Belieben

🐑 | ⏱ **3 h** | 🍲🍲🍲

Die Lammschulter zerlegen und grob würfeln, den Knoblauch zerdrücken, die Schalotten grob würfeln. In einer großen Schüssel die Gewürze, Schalotten und den Knoblauch mit Öl glatt rühren. Die Lammschulter in der Marinade für 2 Stunden abgedeckt im Kühlschrank marinieren.

Das Fleisch mit den Gewürzen im Fleischwolf durch die mittlere Scheibe drehen und ggf. abschmecken. Mit einer Wurstmaschine (Aufsatz für die Küchenmaschine) den Naturdarm füllen und alle 20 cm abdrehen.

Die Würste braten und mit Laugen-Buns, Cocktailsauce und Kräutern servieren.

AUF VORRAT? Die fertigen Würste können wahlweise kurz gebrüht oder geräuchert oder roh eingefroren werden. Beim Roh-Einfrieren die Würste in flachen Dosen mit Wasser bedecken und fest verschließen oder vakuumieren.

BITTERBALLEN IM CHAPATIBROT MIT SATÉ

Zutaten **für 4 Portionen**

FÜR DIE SATÉ-SAUCE

4 EL Erdnussbutter
½ Bund Koriander
2 EL Tomatenmark
1 EL Zucker
1 EL Cumin
1 EL Curry
½ TL Chilipulver
200 ml Kokosmilch
Salz

FÜR DIE CHAPATIS

500 g Weizenmehl
2 TL Fleur de Sel
½ TL Cumin
1 EL Erdnussöl
Wasser nach Bedarf (50–100 ml)

FÜR DIE BITTERBALLEN

3 Schalotten
1 Knoblauchzehe
½ Bund Koriander
800 g gemischtes Hackfleisch
2 Eigelb
2 EL Pankomehl
Salz & Pfeffer
Erdnussöl zum Braten

🐄🐑 | ⏱ 1,5 h | 🍲🍲🍲

Für die Saté-Sauce alle Zutaten in der Küchenmaschine mixen und ggf. bei laufendem Motor mit etwas Erdnussöl abbinden.

Für die Chapatibrote alle Zutaten zu einem festen Teig verarbeiten, ggf. mit Wasser etwas anpassen. Den Teig zu gleichmäßig großen, dünnen Fladen ausrollen und in der Bratpfanne ohne Öl portionsweise knusprig backen. Unter einem Geschirrtuch lagern, um das Austrocknen zu vermeiden.

Schalotten, Knoblauch und Koriander fein hacken und zusammen mit den übrigen Zutaten mit den Händen für mindestens 5 Minuten kräftig kneten. Mit Salz & Pfeffer abschmecken. Kleine Kugeln, die sogenannten Bitterballen, formen und in einer Pfanne mit Erdnussöl knusprig-braun braten. Alles zusammen im Chapatibrot anrichten und ggf. mit etwas Wasser- oder Brunnenkresse dekorieren.

PULLED KABELJAU BURGER

Kabeljau ist mein Lieblingsfisch. Nicht ohne Grund prangt der schmackhafte Meeresfisch, der in der Ostsee auch Dorsch genannt wird, als Tattoo auf meinem Unterarm.

Zutaten **für 4 Portionen**

600 g Kabeljau
etwas Rapsöl
Salz & Pfeffer
2 Limetten
8 Kirschtomaten
2 Avocados
4 Softbreads
100 g Feldsalat

 | ⏱ **0,5 h** |

Ofen auf 160 °C (Umluft) vorheizen.

Das Kabeljaufilet in einer ofenfesten Pfanne in etwas Rapsöl anbraten, mit Salz und Pfeffer würzen und im Ofen für 10 Minuten gar ziehen.

Die Limetten auspressen und die Kirschtomaten vierteln.

Die reifen Avocados (im Supermarkt den kleinen Stielansatz entfernen, so sieht man die Farbe des Avocado-Fleisches – ein schönes helles Jagdgrün ist perfekt) von Kern und Schale befreien, fein würfeln und mit Kirschtomaten, Salz, Pfeffer und Limettensaft vermengen. Die Softbreads die letzten paar Minuten im Ofen mit warm legen und anschließend den Kabeljau mit 2 Gabeln „pullen". Mit etwas Limettensaft abschmecken und alles zusammen im Softbread anrichten.

FANGFRISCH Wir Menschen sind alle gleichermaßen für unsere Umwelt verantwortlich. Achtet beim Kauf von Speisefischen auf das wichtige MSC-Siegel. Das steht für nachhaltigen Fischfang und genießt weltweites Vertrauen.

Wien

NASCHMARKT

ÖSTERREICH

7 DINGE,

DIE MAN ÜBER DEN NASCHMARKT WISSEN WILL

Totgesagte leben länger: Der Naschmarkt ist weltberühmt, hat aber auch schwere Zeiten hinter sich. Dank einfallsreicher Gastronomen und der Tradition verpflichteter Händler hat er nun die kritischen Wiener zurückerobert.

VORHER NOCH NIE GESEHEN:

Die wildesten...

... Frucht- und Obstsorten aus der ganzen Welt findet man hier. Frisch und/oder getrocknet.

GETRÄNKETIPP

Nach dem Shoppen ein Cocktail im HEUER am Karlsplatz.

SPEZIALTIPP

Die Essige und Säfte bei Gegenbauer probieren. Unglaubliche Auswahl.

MARKTZEITEN

Mo–Fr 6–19.30, samstags 6–18 Uhr, Gastronomie Mo–Sa 6–23.

ADRESSE

Naschmarkt, 1060 Wien

SPEISETIPP

Im Herzen des Marktes liegt der Ursprung der NENI-Gastronomie-Familie um Haya Molcho. In ihrem kleinen Bistro empfehle ich die Feuer-Aubergine und den berühmten Hummus.

170

MARKTSTÄNDE HAT DIESER MARKT

WEBSITE:
WIEN.GV.AT

NASCHMARKT, WIEN

In kaum einer anderen Stadt Europas laufen Geschichte und Gegenwart, Geist und Genuss so harmonisch zusammen wie in Wien. Auf dem hundert Jahre alten Naschmarkt kann man das jeden Tag erleben – und schmecken.

Wien, die Stadt der großen Künstler, von Mozart über Gustav Klimt bis Falco, die Stadt der Seelenerforscher Arthur Schnitzler und Sigmund Freund, die hier zur Blüte der Kaffeehauskultur eine neue Moderne einläuteten – und dabei immer gut aßen und tranken. Was für eine Stadt! Wo sonst liegen Geist und Genuss so nah beieinander? Kein Wunder also, dass eine solche Stadt einen besonderen Markt im Herzen trägt. Willkommen auf dem Naschmarkt! Hier will ich nun selbst gut essen.

Bevor ich mich darum kümmere, spaziere ich eine erste Runde durch eine der Marktgassen. Vor einer breiten Auslage mit zahllosen Gewürzen bleibe ich stehen. Die Gewürze spiegeln die Geschichte Wiens in allen Farben. Früher war Wien die Hauptstadt eines Vielvölkerstaates – viele Völker, viele Gewürze. Logisch! Und genau das ist einer der Gründe, warum ich Märkte

PORTRÄT

HAYA

Haya Molcho leitet ein kleines Familienimperium. Ihre Söhne, deren Vornamens-Anfangsbuchstaben N, E, N und I für die Bezeichnung der Gastronomie-Gruppe „NENI" stehen, und Haya selbst sind die Botschafter der israelischen Weltküche.
Web: Neni.at
Instagram: neni_food

so mag: Sie verbinden nicht nur die Menschen miteinander, sondern oft auch die Vergangenheit mit dem Heute.

Wer eine der beiden langen Gassen entlangläuft, bekommt alle paar Meter einen Arm entgegengestreckt, der etwas zum Probieren reicht – vielmehr: zum Naschen. An diesem sonnigen Morgen erfahre ich allerdings von einem Gemüsehändler, dass der Markt im 18. Jahrhundert in einem anderen Teil Wiens lag und Aschenmarkt hieß, was erst später zu Naschmarkt wurde. Vielleicht geht der Name auch auf Eimer zurück, die aus Eschenholz gebaut wurden und in denen früher Milch zum Markt transportiert wurde.

Erst von 1910 bis 1916 ließ die Stadt im 6. Bezirk die festen Marktstände in zwei langen Bahnen zwischen den Straßen Linke und Rechte Wienzeile bauen. Auch hundert Jahre später betreiben Händler in den hübschen kleinen Ständen ➞

ihre Geschäfte und verkaufen Obst, Gemüse, Süßes, Fleisch, Fisch und Geflügel. Hinzugekommen ist im Laufe der Zeit auch einiges an Gastronomie.

Niemand passt so gut in diese bunte Mischung wie Haya Molcho. Sie betreibt hier seit 2009 das orientalische Restaurant NENI. Mit der Unterstützung ihrer vier Söhne ist das NENI inzwischen weit über den Naschmarkt hinaus bekannt, mit Dependancen in Zürich, Berlin und Hamburg. Außerdem beliefert sie Supermärkte und die 25-Hours-Hotelkette mit einer Reihe ihrer Produkte.

Haya empfängt einen mit offenen Armen und gutem Kaffee. Sie redet wie ein Wasserfall und erklärt auch gleich, dass das Reden auf einem Markt schließlich zum Geschäft gehöre. Hier höre man Türkisch, Armenisch, Jiddisch, Arabisch und – setzt sie zwinkernd hinzu – Wucherisch. Ihre blonden Locken wippen dazu.

In den letzten Jahren habe sich alles verändert, sagt sie. Gerade als der Markt drohte, überwiegend von Touristen und weniger von Wienern besucht zu werden, kamen die „Bobos", wie sie sagt, die jungen „bourgeoise Bohemiens". Das scheint hier in Wien ein vornehmes Wort für Hipster zu sein. Jedenfalls wurde der Naschmarkt wieder interessant und Haya eröffnete ihr NENI, das inzwischen von morgens bis abends brummt. „Dass neben den Touristen so viele Stammgäste kommen, macht mich stolz", sagt Haya.

NASCHMARKT

Sie spaziert mit mir zu ihren bevorzugten Händlern. „Wir helfen uns hier alle gegenseitig", erklärt sie. Auch für die Küche des NENI kauft sie teilweise direkt hier ein. „Aber immer mehr Gemüse bauen wir selbst in Rumänien an. Die Erde ist da anders." Haya stammt selbst von rumänischen Juden ab und kennt sich in dem Land gut aus, aus dem nun die Tomaten, Gurken und Auberginen stammen, die sie im NENI auftischt. „Die Tomaten schmecken nach meiner Kindheit."

An Stand 549 machen wir halt bei Dogi, der laut Haya einer der besten Obst- und Gemüsehändler ist, und naschen Früchte. Mangostanen aus Thailand, sehr süße Feigen aus Italien, brasilianische Kumquats, auch Zwergpomeranzen genannt. Haya verschwindet in einem anderen Standl, der Oasen GmbH, einem armenischen Gewürzhändler, und geht direkt an die Regale, als würde sie dort selbst arbeiten. Jeder kennt sie, Rezepte werden ausgetauscht und diskutiert. Sie zeigt persische getrocknete Zitro-

nen und Kataifi, eine anatolische Süßspeise, die übersetzt Engelshaar heißt.

So geht es nun immer weiter. Bei Strmiska, Stand 246, wird mir aus einem riesigen Holzfass Sauerkraut gereicht, heuriges, also aus diesem Jahr. Gleich danach ein Stückchen bulgarischer Bauernkäse, butterweich. Kurz dahinter stapeln sich an Stand 111 seit 1929 Fässer der Essigbrauerei Gegenbauer. Am Stand 46 gibt es bei Familie Urbanek auf nur 13 Quadratmetern Wurst und Käse aus aller Welt sowie Schinken vom Mangalica-Schwein. Langsam bekomme ich Lust auf einen Wein – oder wie man hier sagt: ein Achterl. Das klingt so schön harmlos. Und würde auch gut zu dem Käse passen, den ich gerade mit Marillensenf aus dem Tessin bekomme. Die Verkäuferin im Käseland, Stand 172, erzählt vom „Käsegott Italiens", Beppino Occelli, und zeigt mit dem Finger in die Vitrine auf ein Stück Käse, das wie Marmor aussieht, von feinen hellblauen Maserungen durchzogen. Das ist der Verzin di vacca.

Zurück am NENI rückt Haya einen Tisch in die Sonne, die nun in die Gasse fällt. Dann klopft sie ans Küchenfenster, der Koch solle eine Aubergine ins Feuer legen. Einige Minuten später liegt das verkohlte Ding auf unserem Tisch. Erst als Haya die, wie sie sagt, Melanzani aufschneidet, offenbart diese ihre ganze Schönheit. Frische Kräuter und ein paar Tropfen Olivenöl landen in der ➔•

Links Keine Scheu vor Fragen: Wer die besten Produkte des Marktes finden will, muss hier und da ins Gespräch kommen.

NASCHMARKT

warmen Aubergine. Aus dem Küchenfenster werden immer mehr Schüsselchen gereicht, kleine Feldgurken von dem Acker in Rumänien, unglaublich aromatisch, wir schneiden Tomaten auf, hacken Petersilie. Hummus wird gebracht, für den das NENI bekannt ist, Fladenbrote, eine Etagere mit Kibbeh, frittierten Klößen aus Bulgur, die mit Hackfleisch gefüllt sind. Dazu kleine Schälchen mit Zhug, einer Art jemenitischem Pesto aus Koriander und Chili. Der Tisch füllt und füllt sich, ein Achterl gibt es nun auch.

Lektion gelernt: Der Naschmarkt ist nicht nur zum Einkaufen da, sondern zum Verweilen. Direkt hier sollte man essen und trinken, keine Scheu vor Fragen, wo man was Gutes findet. Man entwickelt schnell einen Blick für gute Stände und für jene, die Touristennepp und Industrie-Antipasti verhökern. Aber das gehört zum Wiener Schmäh dazu: Dass eben doch nicht jeder, der es anbietet, auch wirklich das beste Schnitzel hat. Während ich Haya noch nach Rezepten ausfrage, bekomme ich ein Fluchtachterl. Das ist der letzte Wein, den man vorm Aufbruch trinkt. Aber wer will so einen Markt schon verlassen? Die Fluchtachterl können gerne mal mehr werden an schönen Tagen in Wien. ✕

Rechts Ein frischer Saft und stets eine Geschichte zu erzählen. Jeder auf dem Naschmarkt kennt Haya. **Oben** Mitarbeiter Elihai serviert leckeren Kaffee und hausgemachte Minz-Limonade.

Anfangsbuchstaben Nuriel, Elior, Nadiv & Ilan sind Namensgeber der NENI-Gastronomiegruppe um Mutter Haya Molcho.

HAYAS MELANZANI

**Schwarz und verkohlt auf weißem Pergamentpapier –
so werden die Melanzani, wie sie in Wien heißen, im NENI am Naschmarkt
serviert. Finalisiert wird am Tisch. Eine perfekte Mischung aus Show und
puristisch-natürlichem Geschmack. Für einen Moment wissen
wir nicht, ob wir in Tel Aviv, Marrakesch oder Wien sind.**

Zutaten **für 4 Portionen**

2 Auberginen

FÜR DIE SALSA
3 saftige Tomaten
100 ml Olivenöl
1 Schalotte
1 Knoblauchzehe
2 TL Zucker
Salz, Pfeffer

AUSSERDEM
Saft von 2 Limetten
2 kleine Chilis
1 Frühlingszwiebel
80 ml Tahina

🌿 | ⏱ **1,5 h** | 🛒🛒🛒

Für dieses Gericht braucht man Feuer: Holzkohle oder echtes Holz zu bester Glut verkohlen lassen und die Auberginen darin (direkt in der Glut) mind. 1 Stunde garen, bis sie von außen schwarz und verkohlt aussehen. Entscheidend ist, was im Inneren der Auberginen passiert. Während sie im Feuer schmoren, kann die Salsa vorbereitet werden.

Die Tomaten bis zur Schale reiben und mit 50 ml Olivenöl vermengen. Schalotte und Knoblauch fein schneiden und mit dem Zucker zu den Tomaten geben. Mit Salz und Pfeffer abschmecken.

Mit einem kleinen Sägemesser vorsichtig die heißen Melanzani aufschneiden und mit Salz, Pfeffer, restlichem Olivenöl, Limettensaft, Salsa, Chiliringen, klein geschnittenen Frühlingszwiebeln und Tahina-Sauce anrichten.

UNTERSCHIEDE Auberginen gibt es gescheckt als „Graffiti", in Cremeweiß (daher auch der Name „Eierfrucht") oder in der klassisch lila-schwarzen Auberginenfarbe. Geschmacklich sind alle gleich.

LINSENSUPPE

Zutaten für 4 Portionen  | ⏱ **45 min** |

- 1 Bund Suppengemüse
- 1 Zwiebel • 1 Knoblauchzehe
- ½ Fenchel ohne Grün • Olivenöl
- 1 EL Cumin • 1 kleiner Bund Kerbel
- 200 g rote Linsen • 2 Lorbeerblätter
- 2 Makrut-Limettenblätter
- 200 ml Sahne • Salz & Pfeffer
- 4 TL schwarzer Sesam

Das Suppengemüse, die Zwiebel, den Knoblauch und den Fenchel in kleine Würfel schneiden und in Olivenöl anrösten. Cumin zum Gemüse geben und etwas mitrösten. Blätter von den Kerbel-Stielen zupfen und die Stiele sowie die Blätter separat fein hacken. Die Linsen, die Kerbel-Stiele, Lorbeer- und Makrut-Limettenblätter dazugeben und mit 800 ml Wasser auffüllen. Abgedeckt köcheln lassen und gelegentlich umrühren, bis die Linsen weich sind. Mit Sahne zu einer sämigen Suppe pürieren, mit Salz & Pfeffer abschmecken und mit Sesam und Kerbel garnieren.

NAAN-BROT MIT SCHWARZEM SESAM

Zutaten für 4 Portionen | ⏱ **45 min** |

- 1 EL Ghee
- 80 g Bio-Vollmilch-Joghurt
- ½ TL Salz • 1 TL Zucker
- ½ TL Cumin • 250 g Mehl
- 1 EL schwarzer Sesam
- 1 Päckchen Backpulver

Das Ghee mit dem Joghurt und den Gewürzen verrühren, das Mehl mit Sesam und Backpulver vermischen. Wenn alle Zutaten gut verteilt sind, die Joghurt-Mischung nach und nach unter das Mehl rühren und alles mit den Händen zu einem festen Teig kneten.

Zu dünnen Teigfladen ausrollen und in einer heißen Pfanne ohne Fett goldgelb ausbacken.

TIPP Gewürze, in dem Fall Cumin (Kreuzkümmel), immer in etwas Öl auflösen bzw. mitrösten. Dadurch können sich sowohl Farbe als auch Geschmack deutlich besser entfalten.

HAYAS SPINAT-ZIGARREN

Zutaten für 10 Portionen | ✦ | ⏱ 2 h | 🍲🍲🍲

FÜR DEN HAUSKÄSE
• 200 g Bio-Joghurt • 50 ml Bio-Milch
• 1 Prise Salz • 1 Msp. Natron
• 1 Spritzer Reisessig

FÜR DAS TSATSIKI
• 1 Knoblauchzehe • 1 Gurke
• 2 Stängel Dill • 5 EL Sahnejoghurt
• etwas Zitronenabrieb • 2 TL Olivenöl

FÜR DIE SPINATFÜLLUNG
• 800 g frischer Spinat
• 100 g Ricotta • 300 g Hauskäse
• 150 g Feta • Salz & Pfeffer

AUSSERDEM
• 1 Paket Strudelteig • 1 Ei • Öl

Für den Hauskäse alle Zutaten miteinander verrühren und für 1 Stunde stehen lassen.

Für das Tsatsiki den Knoblauch pressen, die Gurke reiben, den Dill hacken. Alle Zutaten miteinander verrühren. Mit Salz abschmecken.

Frischen Spinat blanchieren, gut ausdrücken und grob hacken. Mit den übrigen Zutaten verrühren und abschmecken.

Aus dem Strudelteig 20 x 20 cm große Quadrate schneiden, mit Füllung belegen und mit einem mit etwas Wasser verquirlten Ei einpinseln. Die Seiten hochklappen, damit nichts auslaufen kann, zu festen Zigarren aufrollen. Im heißen Öl für 2–3 Minuten goldbraun backen. Mit Tsatsiki servieren.

APFEL-PEKANNUSS-STRUDEL

Zutaten für 4 Portionen | ✦ | ⏱ 1 h | 🍲🍲🍲

• 3–4 säuerliche Äpfel
• 100 g Pekannüsse • 80 g Butter
• 1 Prise Zimt • 40 g Zucker
• 1 Paket Filo-Teig
• Puderzucker zum Bestreuen

Den Backofen auf 180 °C (Umluft) vorheizen. Die Äpfel schälen, entkernen und über eine Reibe grob raspeln. Pekannüsse hacken. Äpfel mit zwei Dritteln der Butter, Pekannüssen, Zimt und Zucker in einer Kasserolle für 5–6 Minuten einkochen.

Die restliche Butter schmelzen und beiseite stellen.

Den Teig auf einem feuchten Küchentuch auslegen, auf der schmalen Seite die Füllung verteilen und dabei einen Rand stehen lassen. Diesen Rand an den Seiten hochklappen. Von der Seite mit der Füllung mithilfe des Tuchs vorsichtig aufrollen.

Den Strudel mit flüssiger Butter einpinseln und im Ofen für ca. 15–20 Minuten goldgelb backen. Mit Puderzucker und z.B. Vanilleeis servieren.

Natürlich kann man auch mehrere kleine Strudel (Bild) machen, dann ist das Aufrollen leichter.

HOCH HINAUS
Äußerlich ist die Verwandtschaft der Pekan- zur Walnuss nicht direkt zu erkennen. An den Kernen des bis zu 30 Meter hohen Baums sieht man sie hingegen schon.

SPECKKNÖDEL

Bei uns gab es oft Reste-Essen. Neben Klößen vom Vortag, in der Pfanne angebraten und mit restlicher Sauce serviert, gehörten Knödel mit Bröseln aus altem Brot zur Leibspeise. Dazu etwas Speck und fertig war das Festmahl.

Zutaten **für 4 Portionen**

10 Laugenbrötchen,
altbacken
1 l Milch
1 Bund krause Petersilie
400 g Speck, gewürfelt
Salz & Muskatnuss
4 Eigelb
4–5 EL Mehl
Semmelbrösel/Paniermehl
200 g Butter

🐷 | ⏱ 1 h | 🍲🍲🍲

Die Laugenbrötchen in der Küchenmaschine schreddern, Milch aufkochen und die Brötchen damit übergießen. Für 30 Minuten ruhen lassen, damit sie sich vollsaugen.

Petersilie fein hacken. Zwei Drittel des Specks mit Petersilie, Muskatnuss, etwas Salz und den Eigelben verrühren und zu den Laugenbrötchen geben. Mit Mehl andicken und die Masse zu glatten, runden Knödeln formen.

In leicht siedendem Salzwasser die Knödel je nach Größe für 15–25 Minuten garen.

In einer Pfanne die Butter schaumig werden lassen, 4–5 EL Semmelbrösel und den übrigen Speck dazugeben. Die fertigen Knödel darin schwenken und nachbraten.

VIELE GÄSTE? Anstatt kleine Knödel zu formen rollt ihr eure Knödelmasse fest in sauberen Geschirrtüchern ca. 6 cm dick ein und umwickelt die Knödelwurst fest mit Alufolie. Nach dem Garen könnt ihr die Serviettenknödel nach und nach aus dem heißen Wasser nehmen (so bleiben die Rollen länger warm) und in der Pfanne kurz anbraten.

SHAKSHUKA

Als bekennender Frühstücks-Jünger gehört die Shakshuka zum wöchentlichen Speiseplan. Hier als Variante mit Wachteleiern und Walnuss.

Zutaten für 4 Portionen   🍴 | ⏱ **45 min** |

- 2 mittelgroße weiße Zwiebeln
- 2 Knoblauchzehen • 1 Chili • 50 ml Olivenöl
- 1 EL Paprikamark • 1 TL Cumin
- 1 Zimtstange • Saft einer halben Limette
- 50 g Zucker • 1 kg frische Tomaten
- Salz & Pfeffer • 12 Wachteleier
- 200 g Kräutersalat • 50 g geschälte Walnüsse

Die Zwiebeln in Streifen schneiden, den Knoblauch fein hacken, die Chili ebenfalls. Zwiebeln und Knoblauch in einer großen Pfanne mit Olivenöl anschwitzen. Das Paprikamark, den Cumin, die Zimtstange, den Limettensaft, Chilis und Zucker hinzugeben und für 2 Minuten mitrösten.

Die Tomaten achteln und in die Pfanne geben. Das Ganze abgedeckt für 20 Minuten köcheln lassen, regelmäßig umrühren.

Zimtstange entfernen. Die Hälfte der Gemüse-Mischung pürieren und zurück in die Pfanne geben. Mit Salz und Pfeffer abschmecken. Die Temperatur auf 1–2 stellen, in die Tomatensauce mit einem Löffel kleine Mulden drücken und je 1 Ei hineinschlagen.

Wenn alle Eier gleichmäßig verteilt sind, mit einem Deckel abdecken, den Herd ausschalten und die Eier für 10 Minuten in der Restwärme pochieren lassen.

Mit Kräutersalat und trocken gerösteten Walnusskernen servieren.

Unten Graffiti und Street Art prägen auf ganz besondere Weise das Bild des Naschmarkts und funktionieren wunderbar konträr zum altehrwürdigen Image der Hauptstadt.

FABIOS BANANEN-SCHMARRN

Als Wiener darf man beim Gedanken an Bananen im Schmarrn auch mal skeptisch gucken. Doch der Geschmack überzeugt.

Zutaten für 4 Portionen 🥕 | ⏱ **0,5 h** | 🍲🍲🍲

- 2 EL Erdnussbutter
- 150 g Butter • 4 überreife Bananen
- 6 Eier • Puderzucker

Die Erdnussbutter mit 50 g Butter bei niedriger Temperatur langsam erwärmen, die Bananen zerquetschen (einige Scheiben zurückbehalten) und unter die Erdnussbutter-Mischung rühren. Abkühlen lassen.

Die Eier trennen, das Eigelb unter die Erdnuss-Bananen-Masse rühren und das Eiweiß zu Schnee schlagen. Unter die Hauptmasse heben und in einer Pfanne mit etwas Butter von beiden Seiten goldgelb ausbacken. In einer zweiten Pfanne ein paar Scheiben Bananen in Butter anbraten und den zerzupften Schmarrn mit Puderzucker und gebratenen Bananenscheiben anrichten.

Oben Kollege und Freund Paul Ivić betreibt eines der wenigen vegetarischen Sternerestaurants Europas.

place to be !

BAR HEUER AM KARLSPLATZ

ADRESSE
Bar Heuer am Karlsplatz
Treitlstraße 2
1040 Wien

ÖFFNUNGSZEITEN
Mo–Fr 11:30–02:00 Uhr
Sa–So 10:00–02:00 Uhr

Durchgehend warme Küche
bis Mitternacht.

ZWETSCHGENDATSCHI

Hätte ich nachträglich noch mal die Wahl, ich hätte mich wieder dem Kochen verschrieben und nicht dem Backen. Ab und zu überkommt es mich aber und es gibt Zwetschgendatschi für die ganze Belegschaft.

Zutaten **für 4 Portionen**

FÜR DEN TEIG
150 g Mehl
½ Päckchen Trockenhefe
1 Prise Salz
50 g brauner Zucker
60 ml lauwarme Milch
50 g weiche Butter

FÜR DEN BELAG
500 g Zwetschgen/Pflaumen, entsteint
1 Päckchen Vanillezucker
50 g gehobelte Mandeln
50 g Zucker
Zimt, gemahlen
100 ml Sahne

🌱 | ⏱ 1,5 h | 🍲🍲🍲

Für den Teig die trockenen Zutaten miteinander versieben und mit Milch und Butter zu einem glatten Hefeteig verrühren. Diesen für 1 Stunde an einem warmen Ort gehen lassen, mind. bis sich das Teigvolumen verdoppelt hat.

Den Backofen auf 160 °C (Umluft) vorheizen. Teig nochmals durchkneten und zu Fladen (10 cm ø) ausrollen.

Die Pflaumen vierteln und die Teigfladen damit dicht belegen. Mit Vanillezucker bestäuben und die Fladen für 20 Minuten in den Ofen geben. Mit Mandelblättchen bestreuen und nochmals 5 Minuten mitbacken. Mit Zucker und Zimt bestreuen und warm mit geschlagener Sahne servieren.

KAUF & LAGERUNG

Für eine Käseplatte mit Brot und Trauben plant man ca. 200 g Käse pro Person und 250 g Brot ein. Bei einem Käsegang in einer Menüfolge reichen 60 g Käse und ein leichtes Brot, etwa hausgemachtes Knäckebrot. Hartkäse, z.B. Emmentaler, junger Parmesan oder Morbier, am besten in Frischhaltefolie einwickeln. Weichkäse in Backpapier und die edlen Schimmelkäse z.B. mit perforierter Frischhaltefolie, Käsepapier oder in separater Plastikdose aufbewahren. Käse niemals einfrieren.

TIPP

Lasst euch an der Käsetheke eures Vertrauens spezielles Käsepapier extra mitgeben. So habt ihr immer ein, zwei Papiere in Reserve und könnt den Käse perfekt lagern. Im Kühlschrank eignet sich übrigens das Gemüsefach oder eine spezielle Käse-Schublade perfekt für die Lagerung. Als Heavy-User empfiehlt sich der Kauf einer Käseglocke aus Glas oder Ton. Sieht schön aus, eignet sich perfekt für die Lagerung und man hat direkt eine Servierplatte.

DO-IT-YOURSELF-APRIKOSENSENF

Käse ist wichtig, der selbstgemachte Früchtesenf noch wichtiger.

Zutaten für 1 kg Senf

• 250 g Senfkörner • 175 ml Wasser
• 175 ml Rotweinessig
• 2 TL Zucker • ½ TL Salz
• 500 g getrocknete Aprikosen
• 4 EL Waldhonig, flüssig

Die Senfkörner in der Küchenmaschine oder einer Mühle zu Senfmehl mahlen. Wasser, Essig, Zucker und Salz aufkochen und auf Zimmertemperatur abkühlen lassen.

Die Aprikosen fein häckseln und die Hälfte davon mit etwas Wasser und Honig erwärmen. Die Masse pürieren und die restlichen Aprikosen unterheben. Das Senfmehl in den abgekühlten Essigsud einrühren und zusammen mit den Aprikosen zu einer homogenen Masse rühren.

In luftdicht verschließbare, saubere Gläser füllen. Der Senf ist mindestens 8 Wochen haltbar.

Rechts Die Mitarbeiter im Käseland kennen jede einzelne der über 200 Käsesorten. Und sie wissen alles über deren Qualitäten.

ENGLAND

LOndOn

BRIXTON MARKET

7 DINGE,
DIE MAN ÜBER DEN BRIXTON MARKET WISSEN WILL

Alex Holland und seinem Kollektiv „Friends of Brixton Market" ist es nicht nur zu verdanken, dass der Markt noch steht, sondern dass er sogar unter Denkmalschutz gestellt wurde. Ganz London sagt Danke.

VORHER NOCH NIE GESEHEN:

So viele Menschen ...

... unterschiedlicher Herkunft auf so engem Raum. Schön.

MARKTZEITEN

Di–So 8–23:30, montags 8–18 Uhr und nicht alle Stände und Läden haben geöffnet.

ADRESSE

Electric Ave, Brixton, London SW9 8JX

SPEISETIPP

Ribs im Bukowski Charcoal Grill von Robin Freeman.

WÄHRUNG

Britische Pfund, 10 GBP = ca. 11,50 EUR

100
MARKTSTÄNDE HAT DIESER MARKT

WEBSITE: WEAREBRIXTON-VILLAGE.CO.UK

GETRÄNKETIPP

Ein Flat White bei Federation Coffee.

SPEZIALTIPP

Sonntags ist Farmers Market (9:30–14:30 Uhr).

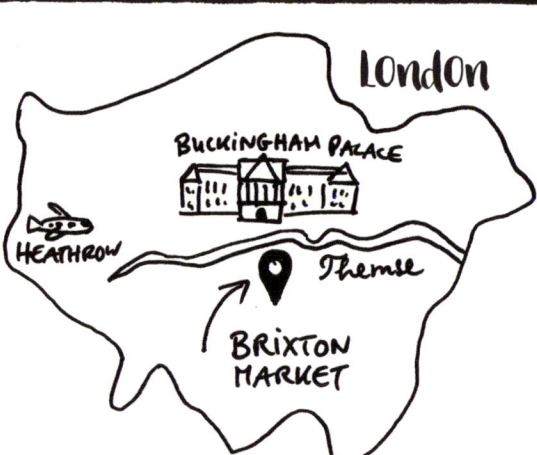

BRIXTON MARKET, LONDON

So wild ist London nur noch an wenigen Orten: Der Brixton Market ist ein Kronjuwel der Vielfalt. Zwischen alteingesessenen karibischen und afrikanischen Händlern setzen neuerdings einfallsreiche Foodies ihre eigenen Trends.

L ondon. Victoria Station. Von hier sind all die Sehenswürdigkeiten, die die Stadt so berühmt machen, leicht zu erreichen: die Tower Bridge, Big Ben, der Hyde Park – und natürlich auch der altehrwürdige Borough Market. Aber was soll's? Ich will ein London sehen, in das es weniger Touristen zieht, wo es aber einen der spannendsten Märkte der Stadt gibt. Also steige ich in die Tube und fahre unter der Themse durch gen Süden. Ich will auf den Brixton Market.

Geht man die Treppen der Tube-Station in Brixton hoch, hört man schon das Brodeln der Stadt: Polizeisirenen, einen Blumenverkäufer, der seine fertig gebundenen Sträuße anpreist, irgendjemand fragt mich nach ein paar Pence. Gebe ich ihm. Dafür muss er mir aber auch den Weg zum Brixton Market verraten. Ah, gleich da vorne links entlang.

Die Electric Avenue ist gesäumt von Marktständen, die direkt vor uralten Backsteinhäu-

sern stehen, deren Erdgeschosse überall Läden beherbergen. Ein Metzger, der mit „halal" Waren wirbt, neben einem Handyshop, daneben ein Gemüsehändler, dann ein Laden, der Afro-Haarteile anbietet.

Brixton ist mehr als ein normaler Einwandererstadtteil. Brixton spiegelt die Kolonialgeschichte der britischen Krone. Kein Wunder, dass der Markt für

seine karibischen und afrikanischen Spezialitäten berühmt ist. Andererseits wird Brixton von jungen Londonern belebt, die ausgehen und sich amüsieren wollen. Ein paar Straßen weiter steht die Brixton Academy, ein wunderschönes Konzerthaus, in dem vor ein paar Jahren noch Amy Winehouse spielte, viele Jahre früher schon die Sex Pistols. Ich liebe diese ➝

Brixton Village & Market Hall liegen an der Electric Avenue – der ersten Straße Londons mit Elektrizität. Seit Sommer 2017 steht die Markthalle unter Denkmalschutz.

Seite Londons. Sie ist mit ihrer unendlichen Vielfalt eine Art Gegen-London, das seit einigen Jahren besonders boomt.

Bevor ich mich richtig orientieren kann, stolpere ich in einen Hinterhof, der einladend aussieht. Kleine Buden bieten Drinks und Snacks an. An den umliegenden Hauswänden prangen Street-Art-Malereien. Einige abenteuerlustige Foodies haben sich dazwischen ihr Kleinod aufgebaut. Aus einer Bude winkt mich eine freundliche Frau zu sich: Ob ich irgendetwas suche? Ja, den Markt. „Erst mal bekommst du jetzt eine Portion Hot Chips von mir", sagt sie, „und dann sage ich dir, wo du anfängst." Nikki ist Kanadierin, in Tokio geboren, hat eine lange Reise durch Restaurantküchen in aller Welt hinter sich, auch einen Stern errungen, macht nun die leckersten Kartoffelchips der Welt und lächelt pausenlos. Sie erklärt mir, wie der Markt aufgebaut ist, während sie immer wieder gehobelten Käse in einen riesigen Topf rieseln lässt. „Käse kann man nie genug nehmen."

Der Brixton Market besteht aus vier Märkten. Einer ist der Straßenmarkt in der Electric Avenue, über die ich gekommen bin. Ein weiterer ist der Markt in der Station Road, der werktags für sein Street Food berühmt ist. Sonntags verkaufen dort Bauern aus der Region ihre Waren. Am interessantesten sind aber die beiden in Arkadenhallen gelegenen Märkte Brixton Village und Market Row.

BRIXTON MARKET

PORTRÄT

JAN KONETZKI

Ehemaliger Head-Sommelier von Gordon Ramsay und freier Berater für die Londoner Weinwelt und ihre privaten sowie beruflichen Weinkeller. Instagram: bloodysommelier

Im überdachten Village ist es auch bei Wind und Wetter gemütlich. Die Hallen wurden in den 1920er Jahren erbaut. Dass es an vielen Ecken so wirkt, als wäre mal wieder eine Renovierung nötig, macht diesen Ort noch sympathischer. Hier wechseln Bistros, Gemüse- und Fischhändler mit Shops, die handgefertigte Küchenutensilien, exotische Textilien oder weitere Lebensmittel verkaufen: britische Toffees neben indischen Chutneys und die in der afrikanischen Küche beliebten Yamswurzeln. Insgesamt gibt es hier über 80 Läden. Ich kann es nicht erwarten, mit dem Einkaufen anzufangen. Heute Abend werde ich für ein paar Freunde und mein Team kochen. Dafür haben wir ein schönes Loft mit offener Küche in Shoreditch gemietet. Jetzt hole ich mir aber erst mal bei „Federation Coffee" einen Flat White und dazu ein Sandwich mit Sobrasada, einer scharfen mallorquinischen Wurst. Schmeckt fantastisch. →

Oben Alles, was man in der Markthalle nicht bekommt, erhält man spätestens in der Market Row.
Unten Die Auswahl an Fisch ist überdurchschnittlich groß. Der urbane Stadtteil zeichnet sich nicht nur durch Essen & Trinken, sondern auch durch Street Art und riesige Murals aus.

Im Village treffe ich Jan Konetzki, einen alten Freund von mir. Er ist Deutscher, lebt aber hier in London, ganz in der Nähe des Marktes. Nachdem er ein paar Jahre für den Spitzengastronomen Gordon Ramsay als Sommelier gearbeitet hat, war er selbstständiger Berater in sämtlichen Weinfragen und reiste dafür zu Weingütern in der ganzen Welt. Inzwischen ist er „Director of Wine" im hochnoblen Four Seasons am Ten Trinity Square. Als Feinschmecker ist er in unmittelbarer Nähe des Village gut aufgehoben.

„Brixton Village", sagt er, „ist nicht nur ein Ort, an dem man schnell seine Lebensmittel einkauft, sondern auch ein gutes Glas Wein oder Craft Beer trinken kann. Man holt sich seinen Wein beim Händler und dazu einen ghanaischen Hühnchen-Eintopf oder was auch immer man mag. Hier gibt es alles, und die Qualität stimmt meist."

In letzter Zeit drängen gehobene Spezialitätenhäuser nach Brixton, die sich ihren Namen in anderen Stadtteilen gemacht haben und nun von dem zweiten Frühling profitieren wollen, der sich hier gerade abspielt. Jan schwärmt von der Lässigkeit des Marktes, ein angenehmer Gegenpol zu der Hochnäsigkeit, die in London doch mehr als nur ein Klischee ist. Hier merkt man davon nichts. Das würde wohl auch der ältere Herr bestätigen, der gerade an uns vorbeigeht und einen goldenen Turban trägt.

Bevor wir uns festquatschen, geht es ans Stöbern in den vielen kleinen Shops – Auslagen der Händler absuchen nach Zutaten für die große Tafel am Abend. Frischen Fisch gibt es hier jeden Tag. Davon nehme ich ein paar Kabeljau-Filets mit. Jan bestätigt mir, dass Bulgur zurzeit „all over the place" ist und deswegen entscheide ich mich für einen Bulgursalat mit Paprika. Die Zutaten stammen von zwei, drei unterschiedlichen Kontinenten. Außerdem werde ich Blumenkohl in einem knusprigen Bierteig ausbacken. Und Jan, offenbar nicht nur für Wein zu begeistern, sondern auch für einen britischen Klassiker, schlägt vor, noch frische Minze, Gurken und Zitronen für einen Pimm's Cup mitzunehmen, das wohl britischste Sommergetränk, das es gibt. Sehr gerne – wenn es nur nicht so schade wäre, das liebgewonnene Brixton Village nun schon wieder zu verlassen. Wenigstens aber mit vollen Tüten. ✕

Oben Nikki Tadema, die Queen der Pommesbude „Hot Chips", macht die besten Fritten.
Rechts Ein DJ gibt Marvin Gaye und Phonox zum Besten.

Junge Gastronomen erfrischen die altehrwürdige Londoner Gastro-Szene mit frischen Konzepten.

POMMES frites

Wer mich kennt, der weiß, ich kann bei Pommes frites schlecht nein sagen. Wie es der Zufall so wollte, trieb mich der Brixton Market auch in die offenen Arme von Nikki Tadema, einer Sterneköchin, die vom Sternekochen genug hatte und sich den knusprigen, gelben Stängeln verschrieben hat.

POMMES FRITES

Zutaten **für 4 Portionen** |  ⓸ **0,5 h** |

• 600 g mehlig kochende Kartoffeln (z.B. Maris Piper)
• Rapsöl zum Ausbacken

Die Kartoffeln, ruhig mit Schale, in Pommes frites schneiden, in 80 °C heißem Rapsöl für ca. 7–8 Minuten braten, wirklich gut abtropfen lassen und abtupfen. Im Kühlschrank runterkühlen.

Die Pommes frites direkt aus dem Kühlschrank in 180 °C heißes Rapsöl geben und für wenige Minuten goldbraun ausbacken.

DAS FETT Rapsöl hat einen hohen Rauchpunkt, eignet sich also zum Erhitzen und Frittieren. Alternativ geht Rinderfett oder spezielles Frittierfett.

SPINAT-TOPPING

Zutaten **für 4 Portionen** |  ⓸ **0,5 h** |

• 100 ml Milch • 2 Knoblauchzehen
• 100 ml Olivenöl • 2 Eigelb • Saft einer Zitrone
• 150 g Saure Sahne • 100 g Parmesan, gerieben • 300 g Tiefkühl-Spinat, aufgetaut
• 150 g Frischkäse • Salz & Pfeffer

In einem Blender oder Küchenmixer die Milch und den Knoblauch mixen und tröpfchenweise das Öl unter die Milch schlagen, bis eine mayonnaiseähnliche Konsistenz entsteht. Die Eigelbe und den Zitronensaft dazugeben und nochmals miteinander mixen. Jetzt die restlichen Zutaten hinzugeben und mit Salz & Pfeffer abschmecken.

Wichtig: Den Spinat gut ausdrücken, um das Verwässern des Dips zu vermeiden.

MUSHROOM-TOPPING

Zutaten **für 4 Portionen** |  ⓸ **0,5 h** |

• 20 g getrocknete Wildpilze
• 300 g gemischte frische Pilze
• 1 große weiße Zwiebel • 1 Knoblauchzehe
• Olivenöl zum Braten • 100 g frischer Thymian
• 300 g Schmand • Maismehl zum Andicken
• Salz & Pfeffer • 1 Bund krause Petersilie

Die getrockneten Pilze in etwas Wasser weich kochen. Das Kochwasser aufheben. Die frischen Pilze, Zwiebel und Knoblauch klein hacken. In einer Pfanne mit Olivenöl die frischen und gut ausgedrückten eingeweichten Pilze anbraten und nach 5 Minuten die Zwiebeln und den Knoblauch hinzugeben. Die Blätter vom Thymian zupfen und zu den Pilzen geben. Mit dem Pilzwasser ablöschen, vom Herd nehmen, den Schmand einrühren und mit Maismehl andicken. Mit Salz, Pfeffer und Petersilie abschmecken.

by Nikki Tadema, My Hot Chips

EGGS
MUSHROOM

Die fleischigen Kräuterseitlinge eignen sich perfekt, um den britischen Klassiker statt mit Bacon vegetarisch zu servieren.

Zutaten **für 4 Portionen**

1 rote Zwiebel
2 Frühlingszwiebeln
2 Handvoll Pilze, z.B. Kräuterseitlinge
Butter
Salz & Pfeffer
1 EL Essig
8 Eier
4 Toasties (Toast-Brötchen)

FÜR DIE SAUCE HOLLANDAISE

1 Paket Butter (davon ein wenig für die Toasties und zum Zwiebelbraten wegnehmen)
3 Eigelb
1 EL frisch gepresste Zitrone
1 EL Weißwein
1 Msp. Paprika edelsüß

🥕 | ⏱ **45 min** | 🍲 🍲 🍲

Die Zwiebel hacken, Frühlingszwiebeln in Ringe schneiden, die Pilze klein scheiden. In einer Pfanne die Zwiebeln, Frühlingszwiebeln und die Pilze in etwas Butter anbraten und mit Salz & Pfeffer würzen.
Währenddessen in kochendem Wasser mit Essig die Eier pochieren (Eier vorsichtig in eine Müsli-Schale schlagen, mit einem Schneebesen das siedende Wasser zu einem Strudel rühren und die Eier nach und nach vorsichtig hineingleiten lassen). Parallel die Toastie-Scheiben mit Butter einstreichen.

Für die Hollandaise die Butter in einem Topf erwärmen, damit geklärte Butter entsteht (die Molke setzt sich am Topfboden ab, der klare Teil der Butter wird abgeschöpft und verwendet). Auf einem Wasserbad 3 Eigelb mit Zitrone, Weißwein, einer Prise Salz und Paprikapulver verrühren und nach und nach die geklärte Butter unter die Ei-Creme schlagen. Dabei ist wichtig, dass die Mischung stets in Bewegung ist, auch wenn man die Schüssel vom Wasserbad nimmt. Sie ist nämlich noch immer sehr heiß. Das Ziel ist eine cremige Emulsion. Am einfachsten geht das mit einer helfenden Hand, die ständig rührt. Die Toasties mit der Butterseite nach unten in einer Pfanne anbraten und mit den pochierten Eiern, Pilzen und Sauce hollandaise servieren.

LONDON BUCK

Zutaten **für 1 Highball-Glas**

🍸 | ⏱ **1 min** | 🍺 🍺 🍺

- Saft einer halben Limette
- 5 cl Gin (z.B. Tanqueray oder Gin Sul)
- Eiswürfel
- Ginger Beer (z.B. Von Thomas Henry oder Fentimans)
- Limettenscheibe

Den Limettensaft mit Gin, Eiswürfeln und Ginger Beer ins Glas geben, mit einer Limettenscheibe dekorieren und servieren.

PIMM'S CUP

Zutaten **für 1 Longdrink-Glas**

🍸 | ⏱ **5 min** | 🍺 🍺 🍺

- Eiswürfel
- 5 cl Pimm's No.1
- 10 cl Ginger Ale (z.B. Thomas Henry)
- Soda • 3 Zweige frische Minze
- Stück Gurke, fein gehobelt
- Stück Schale einer Bio-Zitrone

Eiswürfel ins Glas geben, mit Pimm's, Ginger Ale und Soda auffüllen und mit Minze, Gurke und Zitronenschale garnieren.

Cheers!

Beste Drinks
zu leckeren Tapas.
In der Market Hall
gibt es für jeden
Gaumen und
Connaisseur das
Passende.

BULGURSALAT MIT CASHEWS

Das erste Rezept der gesamten Tour und eine Hommage an die starken orientalischen Einflüsse in London Shoreditch, einem der beliebtesten und buntesten Stadtteile Londons.

Zutaten **für 5 Portionen**

500 g Bulgur
3 rote Bio-Paprika
2 Schalotten
1 Knoblauchzehe
1 Bund frischer Koriander
125 g Cashewkerne
Salz & Pfeffer
Essig & Olivenöl
2 Bio-Zitronen

🌿 | ⏱ **1 h** | 🍲 🍲 🍲

Den Backofen auf 200 °C (Ober-/Unterhitze) vorheizen. Den Bulgur laut Verpackung zubereiten. Die Paprika vom Strunk befreien, vierteln und die Stücke auf ein Blech legen. Im vorgeheizten Ofen in ca. 15 Minuten schwarz werden lassen. Die Paprikastücke anschließend in eine Schüssel legen, mit Klarsichtfolie bedecken und ausdämpfen lassen. Dadurch löst sich die schwarze Haut, und was übrig bleibt, ist feinstes Paprika-Fleisch. Paprika in Streifen schneiden, Schalotten und Knoblauch fein hacken, Korianderblättchen abzupfen, Cashews ohne Fett rösten.

Den Bulgur mit Schalotten, Knoblauch, Salz und Pfeffer würzen, mit Essig und Olivenöl marinieren, mit Paprika, Cashews und Koriander dekorieren und mit Zitronenspalten servieren.

KNUSPERKOHL

Auch im Nachgang noch eines der beliebtesten Rezepte der Crew auf der gesamten Europa-Tour. Und as simple as it can be!

Zutaten **für 4 Portionen (als Snack)**

1 großer Blumenkohl
1 Flasche Bier
Salz & Pfeffer
1 TL Cumin
1 TL Ingwer
1 TL Kurkuma
500 g Mehl (Instant)
Öl zum Frittieren
1 Bund krause Petersilie
2 Zitronen

🥄 | ⏱ 1 h | 🍲 🍲 🍲

Den Blumenkohl vom Strunk befreien und in walnussgroße Segmente teilen. Den Strunk für das Rezept auf S. 170 verwenden (in ein feuchtes Tuch gewickelt halten Blumenkohlstrünke im Kühlschrank ein paar Tage). Das Bier mit den Gewürzen verrühren und den Blumenkohl in Mehl wenden. Das Bier mit 250 g Mehl zu einem sämigen Bierteig verrühren, den Blumenkohl in den Teig geben und kräftig umrühren/unterheben. Nach und nach die Blumenkohl-Rosen in heißem Öl ausbacken. Petersilie unter fließendem Wasser abbrausen, in Mehl wenden und ebenfalls mit Bierteig überzogen im Fett ausbacken.

Mit Zitronenspalten servieren.

TIPP Zum Frittieren eignen sich neben Raps- und Traubenkernöl auch Sonnenblumenöl und spezielle Frittierfette. Olivenöl ist aufgrund seines niedrigen Rauchpunkts nicht geeignet.

Oben: Nach einem langen Einkaufstag kommt ein Essen mit Freunden gerade recht.
Links: Gebackener Blumenkohl im Bierteig für die veganen Freunde.

STOUT SCOTCH EGGS

Was als kalter Snack für das beliebte englische Picknick begann, revolutionierte die britische Küche — und das vor über 100 Jahren.

Zutaten für 2 Portionen

5 Eier
4 rohe Bratwürste (z.B. Wurst
von Seite 112)
Weizenmehl, Pankomehl
1 Flasche Stout-Bier
Öl zum Frittieren
Zuckerschoten
Salz, Zucker zum Ab-
schmecken
Pfeffer aus der Mühle
Öl & Essig

🐑 🐄 | ⏱ 1 h | 🪣 🪣 🪣

In kochendem Wasser 4 Eier für 4½ Minuten garen, abschrecken und pellen. Bratwurst-Brät aus dem Darm drücken, je 150 g um die Eier wickeln und erst in Mehl, dann in mit etwas Stout verquirltem Ei und in Pankomehl panieren. Die Scotch Eggs in heißem Öl frittieren.

Währenddessen die Zuckerschoten in lange Streifen schneiden, mit Salz, Zucker, Pfeffer, Öl & Essig sowie Stout abschmecken und mit den längs halbierten Eiern wahlweise kalt oder warm servieren.

VEGGIE? Liebhaber der fleischfreien Küche müssen nicht verzagen. Statt Wurstbrät kann ein vegetarisch-veganes Brät aus Sellerie, Kartoffel, Seitan und gehackten Pilzen verwendet werden.

GUINNESS CHICKEN

Vor zehn Jahren hätte ich in diesem Rezept noch Dosenbier und einen ganzen Hahn verwendet, aber man wird ja älter.

Zutaten **für 4 Portionen**

4 Maishähnchen
Öl
1 rote Zwiebel
1 Knoblauchzehe
½ Steckrübe
2–3 Flaschen Guinness
1 Bund Thymian
Salz & Pfeffer

🐔 | ⏱ **1,5 h** | 🍲 🍲 🍲

Den Backofen auf 120 °C (Ober-/Unterhitze) vorheizen. Die Maishähnchen in einem Bräter mit etwas Öl rundherum anbraten und beiseite legen. Die Zwiebel, den Knoblauch sowie die Steckrübe würfeln und im gleichen Bräter anbraten, bis das Gemüse leicht karamellisiert. Die Hähnchen auf das Gemüse setzen, mit 2 Flaschen Guinness übergießen und mit Thymianzweigen bedecken. Die Hähnchen im vorgeheizten Ofen für 60 Minuten schmoren. Wenn notwendig, Bier nachgießen. Mit Salz und Pfeffer würzen, dazu Brot servieren.

DAS RICHTIGE GEFLÜGEL Achtet beim Kauf auf eine gute Herkunft und eine ökologisch einwandfreie Fütterung. Demeter, Bioland, Naturland oder der Verbund der Biohöfe sind nur eine kleine Auswahl möglicher Verbände. Bei Geflügel aus Frankreich auf die Siegel „Nature & Respect" oder „Label Rouge" achten. Diese stehen für Freilandhaltung, langsame Zucht, viel Platz und Auslauf.

FLANK STEAK MIT KARTOFFELN UND BLUMENKOHL

Das Flank Steak, auf Deutsch „Flanke", ist das Fleisch, das die Niere schützt, und es ist besonders aromatisch. Nicht jedes Rind hat diesen besonderen Cut, was dem bis vor kurzem unbekannten Stück eine hohe Nachfrage beschert. Perfekt zum Kurzbraten oder Grillen.

Zutaten **für 4 Portionen**

FÜR DIE KARTOFFELN
600 g Kartoffeln (La Ratte)
2 Zweige Rosmarin
2 Lorbeerblätter
1 TL Salz
3 EL Rapsöl

FÜR DAS FLEISCH
1 kg Flank Steak, pariert
Salz & Pfeffer
1 Bund glatte Petersilie
1 Strunk vom Blumenkohl
5 EL Olivenöl

 | ⏱ 1 h | 🍲

Die Kartoffeln in ausreichend Salzwasser mit Lorbeer und Rosmarin garen. Währenddessen den Gasgrill aufheizen, das Fleisch von beiden Seiten scharf angrillen und vom Rost nehmen, die Temperatur reduzieren. Die Kartoffeln halbieren und in einer Schüssel mit Salz und Öl gut marinieren und auf dem Grill anrösten. Das Fleisch zu den Kartoffeln zurück auf den Grill legen und medium garen (pro cm Fleischdicke ca. 1 Minute). Mit Salz und Pfeffer würzen.

Das Fleisch kurz ruhen lassen und quer zur Faser dünn aufschneiden. Mit Kartoffeln, Petersilie und für die Schärfe mit geraspeltem Blumenkohl-Strunk servieren.

WOHER NEHMEN? Stehlen muss es jedenfalls niemand. Die gut sortierte Metzgerei und auch der eine oder andere Gourmet-Supermarkt führt das zarte Stück Fleisch, das mit ca. 25 Euro pro kg nicht ganz günstig ist, aber sein Geld wert.

ITALIEN

SYRAKUS

MERCATO DI ORTIGIA

7 DINGE,
DIE MAN ÜBER DEN MERCATO DI ORTIGIA WISSEN WILL

So klein der südlichste Markt unserer Reise auch sein mag, so überwältigend ist seine Vielfalt – und das, obwohl an den Ständen nur liegt, was auf Sizilien wächst oder im Mittelmeer gefangen wurde.

SPEISETIPP
Ein perfektes Sandwich bei Andrea von der Caseificio Borderi. Aber Achtung: Eines reicht für zwei – versprochen!

VORHER NOCH NIE GESEHEN:
Garnelenköpfe

Frittiert als Snack zwischendurch. Knusprig, toller Garnelengeschmack und für 1,50 Euro pro 500 g auch noch preiswert.

MARKTZEITEN
Täglich ab 9, außer montags. Von 13–16 Uhr ist Mittagsruhe, danach auch nur noch wenig los. Es ist einfach zu heiß.

ADRESSE
Via Emanuele de Benedictis, 96100 Siracusa

40
MARKTSTÄNDE HAT DIESER MARKT

WEBSITE:
SIRACUSATURISMO.NET

GETRÄNKETIPP
Frische Orangenlimo beim Limonadier.

SPEZIALTIPP
Frühmorgens kommen, wenn die Fischer ihre Ware feilbieten.

MERCATO

SYRAKUS

TEMPIO DI APOLLO

DUOMO

MERCATO DI ORTIGIA, SYRAKUS

Liebe fürs Lokale: Sizilianer verehren ihre Heimat genauso wie die Pasta ihrer Mama. Wer das erleben will, schlendert über den winzigen Altstadtmarkt von Syrakus. Diese Schatzkammer regionaler Köstlichkeiten ist ein Paradebeispiel für einen vibrierenden Markt im heißen Süden.

Im Südosten Siziliens liegt das wundervolle Syrakus. Der schönste Teil dieser Stadt ist Ortigia, das historische Zentrum, ausgesprochen mit einem weichen -idscha am Ende. Ortigia ist eine kleine vorgelagerte Insel, die daliegt, als hätte Syrakus ein Silbertablett mit seinem feinsten Kaffeeservice ins Mittelmeer gestellt. Die Kaffeekanne auf diesem Tablett ist die Kathedrale. Ein Bau, der von der bewegten Geschichte Siziliens erzählt. Eine der Wände des Doms stammt noch von einem Tempel, den die Griechen errichteten, als sie Herrscher über Sizilien waren. Später eroberten die Araber Sizilien und machten Syrakus zum Zentrum ihrer Macht über Italien. Im 18. Jahrhundert erhielt der Dom seine barocke Fassade, die bis heute in ihrem Weiß über die wunderschöne Piazza strahlt. Sogar die Piazza selbst besteht aus weißen Steinplatten. Fast wie eine Küche, und in Küchen fühle ich mich bekanntlich am wohlsten.

PORTRÄT

STEFANO

Stefano Ferrante gilt als einer der wichtigsten Köche der Insel. Den Kochlöffel hat er jedoch größtenteils gegen den Laptop eingetauscht, für Restaurants und Bars schreibt er Speisekarten und entwickelt ganze Konzepte. Immer mit einem Auge auf die Heimat und ihre Küchenschätze.
Instagram: losterrante

In der Küche Siziliens kann man schmecken, wer sich in früheren Zeiten alles um diese Insel stritt. Ob Safran, Mais, Kakao, Pistazien oder Wassermelonen: All die früheren Herrscher Siziliens haben etwas zurückgelassen, das man heute noch in der sizilianischen Küche schmeckt. Und das will ich nun entdecken.

Natürlich gehört auch der Markt von Syrakus mit auf das Silbertablett, er liegt ebenfalls auf der kleinen Insel Ortigia. Wer den Weg zum Markt nicht findet, kann sich von dem Geruch geschmorter Paprika leiten lassen. Die liegen nämlich frühmorgens schon auf glühenden Holzkohlen, ja wirklich, nicht auf einem Rost über dem Feuer, sondern direkt in der Glut. Die Haut der satt roten Paprika wird schwarz und das innere Fleisch gart in seinem eigenen Saft zu aromatischen warmen Fladen zusammen. Die verkohlten Paprika werden in Alu-Schalen verkauft und später zu Hause von ihrer schwarzen Haut befreit und mit ➝

Olivenöl und Gewürzen verfeinert. Oder direkt auf dem Markt genascht. Da verbrennt man sich gern die Finger.

Von der Kaimauer aus, mit dem Mittelmeer im Rücken, blicke ich die Marktstraße hinunter. Dass der Markt im Wesentlichen nur aus dieser einen Straße, der Via Emanuele de Benedictis, besteht, darf nicht darüber hinwegtäuschen, was er alles bereithält. Gleich am unteren Ende der Straße stoße ich auf eine Käserei, in die es mich sofort hineinzieht: die Caseificio Borderi. Den beiden jungen Männern hinterm Tresen stelle ich mich als Koch vor und schon reißen sie strahlend ihre Arme in die Luft, als wären wir alte Bekannte, die sich nach Jahren wiedersehen. Sie sind Brüder und ziehen mich nach hinten in die Küche, wo gerade Frauen mit weißen Hauben und schneeweißen Schürzen frischen Ricotta aus riesigen dampfenden Bottichen holen. Einen davon stürzt einer der Brüder kopfüber aus seinem Gefäß auf ein Holzbrett und lässt ein Messer durch die weiße Masse gleiten. Der Ricotta schmilzt auf der Zunge. Nun machen die Frauen sich an das Schöpfen von Mozzarella. Eine andere Angestellte zupft frische Kräuter und richtet sie zu kleinen Sträußen an. Der Duft entfaltet sich in dem Dampf. In ein paar Stunden solle ich wiederkommen, dann sei Papa Andrea da und mache Panini. „Besondere Panini, glaub mir." – O.k., mach' ich.

Zurück vor der Ladentür

MERCATO DI ORTIGIA

schlendere ich den Markt hinab und denke, noch mit dem feinen Geschmack des Ricottas im Mund, dass sich hier eine Seitenstraße des Schlaraffenlands auftut. Die Auslagen der Fischhändler, das funkelnde Eis, in das kleine und große Fische drapiert sind, Berge von Austern und lebende Venusmuscheln, die alle paar Sekunden einen dicken Strahl Wasser ausspucken. Mit ihnen wird die berühmte Pasta Vongole gemacht. Dann das Gemüse, alles hier auf der Insel angebaut, Auberginen, unterschiedlichste Zwiebelsorten und natürlich Tomaten über Tomaten. Sizilianer können stundenlang über Tomaten philosophieren – mit leuchtenden Augen. Sie lieben ihr Gemüse und so bereiten sie es auch zu. Mit Liebe.

An manchen Ständen stehen Töpfe mit vorgekochten Kartoffeln und Maiskolben oder, auch typisch, einer sehr kleinen Sorte Artischocken. Nimmt man für 50 Cent direkt auf die Hand und saugt die harzigen Blätter aus. Oder was Süßes? Winzige Erd-

beeren vom Ätna, saftige Pfirsiche und süße Orangen.

Um zehn Uhr treffe ich Stefano. Er ist auch Koch, stammt aus Syrakus, besuchte eine Gastronomiefachschule in Norditalien und berät heute mehrere Restaurants oder schreibt ihnen gleich die gesamte Speisekarte.

Stefano stellt uns den Fischhändler vor, den er für den besten Siziliens hält. Allein die Show, die der Mann mit einer Vielzahl an Messern und Hackebeilen an einem Thunfisch vorführt, bringt ihm meinen Respekt ein. Während er sich mit uns unterhält, schneidet er blitzschnell ein Filet nach dem anderen aus dem Ungetüm, das hier vor Sizilien gefangen worden ist. Um uns scharen sich Männer und Frauen, die geduldig anstehen. Wenn sie an der Reihe sind, sagen sie schnell auf, welche Teile des Fisches sie wünschen. Chefsache.

An einem weiteren Tisch arbeiten seine Angestellten, zwei Männer, unverkennbar Vater und Sohn. So sieht es auch aus, was sie da betreiben: wie etwas, das man nicht einfach so lernt, sondern vom Vater. Letzterer ist gerade damit beschäftigt, mit gekonnten Griffen einem Tintenfisch das Organ zu entnehmen, in dem er seine Tinte aufbewahrt. Die wird in einem extra Tütchen verschnürt und wandert neben dem Fisch in den Einkaufskorb einer hübschen jungen Frau. Mit hoher Wahrscheinlichkeit wird daraus später am Tag eine Pasta al nero di seppia.

Als der Chef für ein ➞

Links Tilo von der Peschería F.LLI Cappuccio kontrolliert den Fang des Tages.

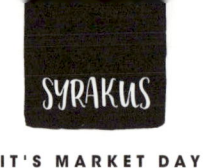
Arbeitsteilung Während die Männer 100 kg schwere Fische durch den Laden tragen und zerlegen, kümmert sich Titos Frau akribisch um die Rechnungen.

paar Minuten von seinem Thunfisch ablassen kann, führt er mich quer durch seinen Laden zu einer rostigen kleinen Leitertreppe. Im zweiten Geschoss trocknet er Bottarga, hergestellt aus dem Rogen von Thunfischen, für den Eigenbedarf. In einer dünnen Wachsschicht baumeln sie als lange Schläuche von einer uralten Hängekonstruktion. Mit geriebenem Bottarga lässt sich eine Pizza verfeinern oder eine Pasta abschmecken.

Ich schlage Stefano vor, dass wir am Nachmittag gemeinsam kochen. Vor meiner Wohnung liegt ein kleiner Innenhof. Da können wir eine Tafel aufbauen und ein paar Leute einladen. Er freut sich und – ebenfalls sehr sizilianisch – hat auch zufällig Zeit am Nachmittag. Das ist hier nämlich nicht selten Schlafenszeit. Stefano schlägt ein Gericht mit Tenerumi vor, einer Gemüsesorte, die hier sehr beliebt ist. Tenerumi sind Blätter einer Zucchinisorte, die in dieser Straße an jedem Stand liegen, bis zu einem Meter lange, grellgrüne Schläuche. Die Blätter sehen aus wie eine Kreuzung aus Spinat und Grünkohl. Ihr Aroma werde mich überraschen, verspricht Stefano. Außerdem brauche er Miesmuscheln und zeigt mir direkt beim Händler, dass man die genauso roh essen kann wie Austern. Nur die Zitrone brauchen sie roh unbedingt, nicht wahlweise.

Als unsere Einkäufe erledigt sind, gehen wir zurück zur Caseificio, wo sich nun vor begeistertem Publikum ein lautes

Schauspiel abspielt. Papa Andrea steht am Tresen vor dem Laden und belegt Panini. Aber wie er es macht, ist einzigartig. Vor vielen Jahrzehnten fing es damit an, dass er zur Mittagszeit auf dem Markt Reste einsammelte und damit Brote belegte, mit dem eigenen Mozzarella und Ricotta veredelt. Heute wird er in großen Mengen beliefert und macht sich mit seiner Art, sie zu belegen, zum Star von Ortigia.

Gerade liegen zwei Knoblauchzehen vor ihm, er legt ein breites Messer seitlich auf sie

MERCATO DI ORTIGIA

und stemmt sich kurz auf die flache Klinge. Die Zehen springen auf, Saft läuft hinaus. Durch den zieht der dann ein paar Tomatenwürfel, die er mit Schwung auf das Brot wirft. Tellergroße Mortadella-Scheiben werden mit Ricotta beworfen, aufgerollt und landen mit schmatzendem Geräusch im Brot. Gehäckselte Kräuter fliegen, das Publikum johlt, Andrea lacht. Dann greift er zu einem Ast getrocknetem Oregano, „sizilianisches Marihuana", ruft er, zerreibt es über den nassen Flatschen seines Mozzarellas und winkt mich hinter den Tresen, ich ➝

MERCATO DI ORTIGIA

solle ihm ein bisschen helfen. Ich mache mich an Tomaten, lege Ricotta hinzu, verfeinere mit frischen Kräutern und reiche die Probierportionen an das Publikum, während Andrea weiter Zutaten durch die Luft wirft. Am Ende, wenn die obere Hälfte des Panino endlich aufgelegt wird, wickelt er mit fliegenden Händen Papier um sein Werk – und natürlich sitzt jede einzelne Zutat am rechten Fleck. Dafür gibt es Applaus.

Als ich mein Panino in die Hand gelegt bekomme, fällt es mir beinahe runter, so schwer ist es. Schwerer als die 5 Euro, die es kostet, ahnen lassen. Auf den umliegenden Bänken herrscht andächtige Stille, während Andreas frisch geschöpfter Mozzarella und alles andere, was dieser Markt hergibt, seinen Geschmack entfaltet. Ein Paninio reicht für zwei. Beim Teilen lerne ich andere Marktbesucher kennen, die ich zum späteren Essen einlade. Essen? Noch mehr? Gut, dass Stefano und ich jetzt noch die Einkäufe in die Wohnung tragen müssen und die nächsten Stunden kochen werden. Denn diesen Markt verlässt niemand hungrig. Siracusa. Bellissima. ✗

Farm to Table In Syrakus kein Problem: Es gibt hier weder Supermärkte noch Großmärkte oder Gemüse-Import. Alles, was angeboten wird, kommt aus der Region. Ausnahmslos.

RICOTTA

**Das weiße Gold Italiens ist so beliebt wie nie zuvor.
Wie man mit wenigen Handgriffen und etwas Zeit wunderbaren Ricotta
herstellt, hat uns Andrea Borderi (siehe S. 179) erklärt.**

Zutaten **für 800 g Ricotta**

FÜR DEN RICOTTA
1 l Molke
1 l Bio-Frischmilch,
natürlicher Fettgehalt
1 EL Buttermilch oder Essig
Sieb mit Mulltuch
Auffangschale

⚡ | ⏱ **2,5 h** | 🍲 🍲 🍲

Die Molke in einem kalt ausgespülten Topf langsam erhitzen und mit einem Holzlöffel regelmäßig umrühren. Wenn die Flüssigkeit anfängt zu sieden, die Frisch- sowie Buttermilch oder Essig hinzufügen und weiter rühren, bis sich Bruch bildet und die Milch flockt.

Das Mulltuch in das Sieb legen, die Schale darunterstellen. Den Topfinhalt in das Sieb gießen und die Flüssigkeit auffangen. Den Bruch in eine Aufbewahrungsbox füllen und 2 Stunden kühl lagern.

Aus der aufgefangenen Molke kann man erneut Ricotta machen oder sie mit Früchten zu einem gesunden Molke-Smoothie mixen.

 **TIPP** Den fertigen Ricotta kann man auch mit einem Bunsenbrenner abflämmen. Dann karamellisiert der Milchzucker und das Aroma wird noch intensiver.

KRÄUTERVORRAT
Den Sommer in den Winter holen!

Kräuter sind ein elementarer Bestandteil der italienischen Küche. Im Sommer findet man auch weiter nördlich Berge von frischen Kräutern auf den Märkten, die nur darauf warten, verarbeitet zu werden.

Am einfachsten ist es, die frischen Gewächse in Öl zu konservieren. Dazu die Kräuter hacken und mit Olivenöl in Eiswürfelformen einfrieren. Für frischen Oregano in eurer Bolognese müsst ihr also nur noch ans eigene Tiefkühlfach gehen, anstatt auf Kräuter unbekannter Herkunft zurückzugreifen.

Wichtig: Öl braucht rund 1–2 Tage, bis es komplett durchgefroren ist. Um die Öl-Würfel einfach herauszubrechen, mit einem heißen Schwamm an der Unterseite der gewünschten Fächer die Form kurz anwärmen, dann löst sich ein Fettfilm und die Öl-Würfel rutschen von selbst heraus.

ANBAU
Kräutersamen mit spezieller Erde in einem Eierkarton anzüchten und später umsetzen und voneinander trennen. Es wird zwischen Licht- und Dunkelkeimern unterschieden.

NORD ODER SÜD?
Harte Kräuter wie Rosmarin, Thymian und Salbei bevorzugen Sonne und eine südliche Ausrichtung, wohingegen weiche Kräuter wie Schnittlauch oder Basilikum eher schattige, kühlere Plätze lieben.

In meinem Froster findet man immer:

Andrea Borderi ist das Gesicht des Marktes und für den immensen Geräuschpegel am Anfang der Marktstraße verantwortlich. Nicht ohne Grund ist er auf fast allen Reiseportalen die Nr. 1 in Ortigia. Frische Zutaten aus eigener Herstellung oder direkt vom Markt gekauft sind das Geheimnis der Caseificio Borderi.

Ricotta und Mozzarella aus eigener Herstellung, „Sicilian Marihuana" (getrockneter Oregano) und viel Amore machen Andreas Sandwiches zum Kassenschlager. Achtung: Wartezeit mittags über zwei Stunden!

Es war Andreas Vater Pasquale, der 1930 die Caseificio Borderi gründete. Mittlerweile ist die ganze Familie mit drei Generationen vertreten und baut Sandwiches, die weit über die Landesgrenzen hinaus berühmt sind.

Ein Rezept gibt es nicht – außer von allem nur das Beste zu verwenden. Denn, so sagt Andrea, wie soll etwas nicht schmecken, das einen Hauch Knoblauch, frische Tomaten, Kräuter, Olivenöl und Liebe abbekommen hat?

Tipp aus eigener Erfahrung: Ein Sandwich (ca. 5 Euro) reicht für zwei Personen und es geht schneller, wenn ihr etwas im Laden gekauft habt, statt euch draußen anzustellen.

Rechts Charmeure, wie sie im Buche stehen.

186

place to be !

Ci Piaccion o le DONNE !

Cin cin!

NEGRONI

**„In heißen Nächten in
Palermo lernte ich: Es gibt
keinen ehrlicheren Drink
als den Negroni. Für das
richtige Bitter-Süß-Spiel
aber unbedingt mit einem
Stück Orangenfleisch."**

Ulf Pape

Zutaten für 4 Gläser 🍸 | ⏱ **5 min** | 🧺 🧺 🧺

- 12 cl Gin
- 12 cl Campari
- 12 cl roter Vermouth
- Eiswürfel
- 4 halbe Scheiben einer Bio-Orange

Gin, Campari und Vermouth in einem Rührglas mit
viel Eis kalt rühren und auf 4 Gläser aus dem Tief-
kühlschrank verteilen. Mit frischem Eis und Oran-
genscheiben servieren.

Rechts Im Vergleich zu Palermo und Catania ist
Syrakus fast eine Kleinstadt – aber kulinarisch
nicht weniger reizvoll.

SYRAKUS

IT'S MARKET DAY

Sandwich-Bekannschaft Marlous und Alice sind zusammen auf Weltreise. Auf Bali haben sie sich kennengelernt, nun lud Gastronomin Alice die Schmuckdesignerin in ihre Heimat Italien ein.

SYRACUSE KOKODA

Ceviche oder Kokoda liebe und koche ich seit meinem ersten Urlaub auf Mallorca vor rund sechs Jahren. Seitdem darf sie in keiner meiner Rezept-Sammlungen fehlen. Stefanos Variante mit frittierten Shrimpköpfen war in der Hitze Siziliens eine willkommene Erfrischung.

Zutaten **für 4 Portionen**

1/8 Wassermelone (ca. 400 g)
Olivenöl
800 g Thunfisch
Saft von 8 Limetten
150 g Shrimpköpfe
Öl zum Frittieren
2 rote Zwiebeln
Salz & Zucker
1 Chilischote
1 Handvoll geröstete
Cashewkerne
1 Bund Basilikum

🐟 🐚 | ⏱ 1 h | 🍲 🍲 🍲

Die Wassermelone schälen und in feine Würfel schneiden. In einer Pfanne mit etwas Öl anbraten. Dadurch verkocht ein Großteil des Wassers und die Wassermelone wird intensiver.

Den Thunfisch ebenfalls in kleine Würfel schneiden, zusammen mit der Wassermelone im Saft der 8 Limetten einlegen und unter regelmäßigem Umrühren ca. 40 Minuten marinieren lassen.

Die Shrimpköpfe in Öl so lange frittieren, bis sie knusprig sind, anschließend auf Küchenpapier abtropfen lassen. Die Zwiebeln in hauchdünne Streifen schneiden (oder hobeln), mit Zucker & Salz würzen und kräftig kneten. Nach ca. 10 Minuten (und regelmäßigem Kneten!) den Saft abgießen und die Zwiebeln zum Thunfisch geben. Die Chilischote evtl. entkernen und fein hacken.

Die Kokoda mit Salz und Chili abschmecken, mit Cashews, Basilikum und den knusprigen Shrimpköpfen garnieren.

TIPP Shrimpköpfe beim Fischhändler eures Vertrauens einen Tag vorher bestellen – dafür gibt es die kleinen Schalen meistens umsonst.

KÜRBISGNOCCHI

Auf einer Reise nach Modica stolperte ich in ein Restaurant namens Accursio. Die Spezialität des Hauses, Kürbisgnocchi mit Salbei, habe ich fest ins Herz geschlossen.

Zutaten **für 4 Portionen**

1 Butternuss-Kürbis (ca. 1 kg)
100 ml Olivenöl zum Marinieren
4 Eier
Salz, Pfeffer & Muskat
ca. 250 g Mehl
50 g frischer Salbei
150 g Butter
100 g Pankomehl

🌱 | ⏱ **1,5 h** | 🍲 🍴 🍴

Den Backofen auf 200 °C (Umluft) vorheizen. Den Kürbis längs halbieren, auf ein Blech legen, mit Olivenöl und Salz marinieren, mit Alufolie abdecken und im Ofen für 1 Stunde schmoren. Der Kürbis ist fertig, wenn man das Fruchtfleisch mit einer Gabel eindrücken kann.

Das Kürbisfleisch aus der Schale lösen, mit Eiern, Salz, Pfeffer und Muskat verquirlen und mit dem Mehl zu einem festen Teig kneten. Einen Topf mit Wasser und Salz aufstellen und zum Kochen bringen. Währenddessen die Masse zu golfballgroßen Gnocchi rollen und diese im Wasser gar ziehen lassen. Sie sind fertig, wenn sie an die Oberfläche kommen.

Salbeiblätter hacken. In einer Pfanne Butter erhitzen, gehackten Salbei hinzugeben und die Gnocchi darin goldbraun anbraten. Für ein knuspriges Finish 3–4 Esslöffel Pankomehl hinzugeben und die Gnocchi darin schwenken.

PRODUKTKUNDE Salbei gilt als eines der ältesten Küchenkräuter der Welt. Es wurde im Mittelalter als heiliges Kraut angesehen und bei diversen Beschwerden von Zahnweh bis Halsschmerz eingesetzt. Erntezeit ist April bis September.

LAMPUGA ALLA MATALOTTA

Ein traditionelles Gericht im Süden Siziliens. Schnell zubereitet, gesund und leicht ist es bei Sizilianern jeden Alters beliebt und verbindet alle wichtigen Zutaten der stolzen Region: Kapern, Oliven, Fisch und Tomate. Stefano war so nett, mir die Zubereitung zu zeigen.

Zutaten **für 4 Portionen**

2 weiße Zwiebeln
100 g sizilianische Salz-
kapern
200 g sizilianische grüne
Oliven
30 Kirschtomaten
3–4 EL Olivenöl zum Braten
250 ml Weißwein,
z.B. Catarratto
Salz
2 große Fischfilets à 400 g
(z.B. Lampuga, Zander oder
Kabeljau)

🐟 | ⏱ **40 min** | 🍲 🍲 🍲

Die Zwiebeln würfeln, das überschüssige Salz von den Kapern abstreifen und die Oliven hacken. Kapern, Oliven und Zwiebeln in Olivenöl anschwitzen, bis die Zwiebeln goldgelb sind. Kirschtomaten halbieren. Die Zwiebelmischung mit Weißwein ablöschen, die Kirschtomaten hinzugeben und für 10 Minuten mit einer Prise Salz bei mittlerer Hitze einkochen lassen.

Die Fischfilets auf die Sauce legen und nochmals ca. 10 Minuten bei geringer Hitze und geschlossenem Deckel garen lassen.

Die Matalotta wird klassisch mit Croûtons serviert oder – noch traditioneller – zuerst die Sauce mit Spaghetti und dann der Fisch als Hauptgang.

ZUCCHINIBLÄTTER Die Sizilianer haben es schon immer verstanden, alles zu verwenden, was der Acker und die Landwirtschaft hergaben. Nose to tail ist hier keine Mode, sondern Alltag – und manchmal auch notwendiges Übel. Der aktuelle Trend, von Obst und Gemüse alles zu verwerten, ist in Sizilien daher schon immer gang und gäbe. So auch bei Taddi a spezzatino, gedämpften sizilianischen Sommer-Zucchinistängeln und -blättern.

Dafür die Zucchiniblätter und -stängel (500 g) für 3–4 Minuten in Salzwasser blanchieren. Währenddessen in einem Topf Olivenöl erhitzen, etwas Knoblauch und Zwiebeln hacken und mit 10–15 halbierten Kirschtomaten anschwitzen. Nach 5 Minuten die Zucchiniblätter und -stängel hinzugeben und mit Salz abschmecken.

SPAGHETTI VONGOLE

Vor allem in den Küstenregionen Süditaliens und Siziliens beliebt, findet die Venusmuschel auch immer öfter ihren Weg auf mittel- und nordeuropäische Speisekarten. In Spaghetti vongole sind die Muscheln innerhalb weniger Minuten zu den Lieblingen der gesamten Crew geworden.

Zutaten **für 4 Portionen**

500 g Vongole, geputzt
300 g Spaghetti
1 kleine weiße Zwiebel
200 g gemischte Pilze
15 Kirschtomaten
1 kleiner Bund krause Petersilie
1 Frühlingszwiebel
Olivenöl
200 ml Weißwein
200 ml Sahne
Salz & Pfeffer

🐚 | ⏱ 0,5 h | 🍳 ⬤ ⬤

Die Muscheln in kaltem Wasser waschen. Einen großen Topf mit Salzwasser aufsetzen und die Spaghetti nach Packungsanleitung garen.

Die weiße Zwiebel klein, die Pilze grob hacken, die Kirschtomaten halbieren. Die Petersilienblätter abzupfen und Stiele und Blätter getrennt klein hacken. Die Frühlingszwiebel ebenfalls fein hacken. In einer großen Pfanne die weißen Zwiebeln in etwas Olivenöl anschwitzen. Die Pilze, die Kirschtomaten sowie die Petersilienstiele dazugeben, die Pfanne abdecken und das Ganze 5–10 Minuten bei mittlerer Hitze ziehen lassen.

Jetzt die Venusmuscheln in die Pfanne dazugeben, die Frühlingszwiebeln und die Petersilienblätter unterheben und mit Weißwein und Sahne ablöschen. Mit Salz und Pfeffer abschmecken, mit den fertig gegarten Spaghetti verrühren und ordentlich durchschwenken.

TIPP In kaltem Wasser müssen alle Muscheln geschlossen sein, nach dem Kochen oder Garen müssen sie sich geöffnet haben. Jede Muschel, die nicht beide Prüfungen übersteht, muss aussortiert werden.

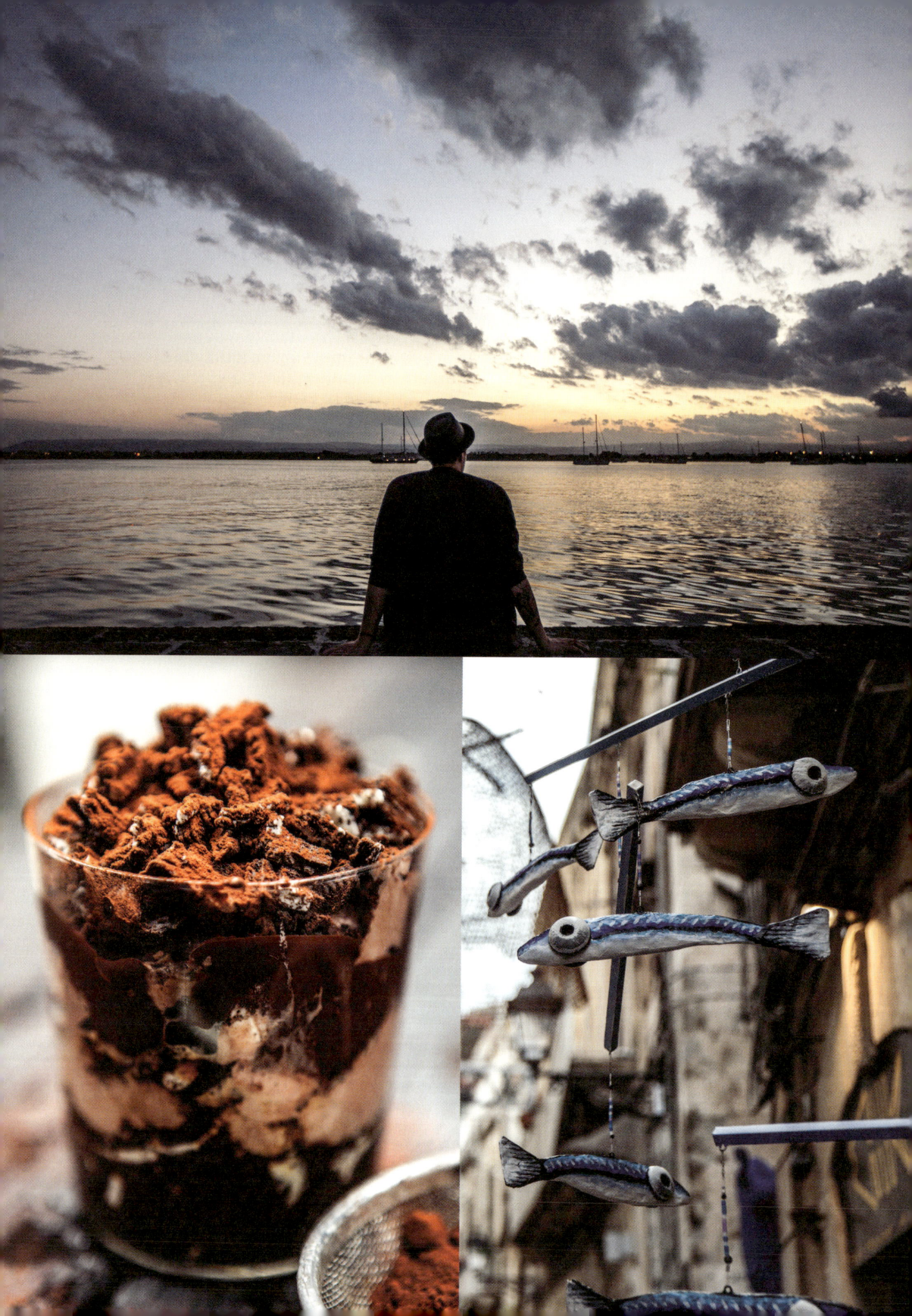

DOUBLE CHOC TIRAMISU

Tiramisu, der italienische Klassiker, ist in endlosen Varianten zubereitet worden – eine mehr kann nicht schaden. Denn schließlich ist Schokolade Gottes Entschuldigung für Brokkoli.

Zutaten **für 4 Gläser**

FÜR DEN TEIG
250 g dunkle Schokolade
150 g Butter
2 Eier
5 EL Zucker
5 EL Mehl

FÜR DIE SCHICHTEN
200 g Milchschokolade
100 ml Sahne
500 g Mascarpone
300 ml Schokoladenlikör
150 ml starker Kaffee
300 g Milchschokolade
Back-Kakao (reines Kakaopulver)

🥕 | ⏱ **3 h** | 🍲🍲🍲

Den Backofen auf 160 °C (Umluft) vorheizen. Für den Teig Schokolade und Butter gemeinsam im Wasserbad schmelzen, die Eier trennen. Das Eiweiß zu Schnee schlagen. Zum verquirlten Eigelb Zucker, Mehl und die Butter-Schokoladen-Mischung geben. Anschließend den Eischnee unterheben und den Teig in ausgefettete Muffinformen füllen.

Im Ofen für 12–15 Minuten backen, bis der Teig oben aufbricht.

Für die Creme Schokolade in warmer Sahne auflösen und mit Mascarpone zu einer glatten Creme verrühren.

In kleine Gläser abwechselnd die zerbröselten Muffins verteilen, mit Likör und Kaffee tränken, mit Creme bedecken und etwas flüssige, lauwarme Milchschokolade darübergeben. So lange schichten, bis das Glas voll ist, mit Muffinkrümeln abschließen und mit Back-Kakao bestäuben.

Tiramisu für 2 Stunden in den Kühlschrank stellen.

Kunstfische Bei jedem Besuch in Ortigia wandert auch einer der handgemachten Tonfische von Fish House Art in meinen Koffer, stets geschützt durch unzählige Schichten Papier. Es baumeln schon einige neben meiner Dunstabzugshaube.

7 DINGE,

DIE MAN ÜBER DEN MERCADO DE LA PAZ WISSEN WILL

Der älteste Markt Madrids ist, zumindest von außen, nicht gerade der schönste. Aber die extrem hohe Dichte an Einheimischen zeigte uns in kürzester Zeit, dass wir hier richtig sind. Hier kauft das echte Madrid.

VORHER NOCH NIE GESEHEN:

Entenmuscheln

Schon oft von dieser Delikatesse gehört, konnte ich sie bis dato nicht zu meinem Repertoire an verzehrten Lebensmitteln zählen. Aufregend, aber speziell.

GETRÄNKETIPP
Ein frisch gezapftes Glas San Miguel an der großen Marktbar.

BESTE STIMMUNG
Die Männer beim Fischhändler Ramón sind stets am Scherzen, was die Wartezeit in der langen Schlange erträglicher macht.

MARKTZEITEN
Mo–Fr 9–14.30 und 17–20
Sa 9–14.30 Uhr.

ADRESSE
Calle de Ayala 28, 28001 Madrid

SPEISETIPP
Eine der zahlreichen Kroketten bei der Croqueteria „Deli&Croq". Wildeste Kombinationen, frisch in Rapsöl frittiert.

HISTORISCH
Der La Paz ist mit rund 150 Jahren der älteste Markt in der spanischen Hauptstadt.

50
MARKTSTÄNDE HAT DIESER MARKT

WEBSITE:
MERCADOLAPAZ.ES

MADRID

ALMUDENA-CATHEDRALE

MERCADO DE LA PAZ

PUERTA DE ALCALA

MERCADO DE LA PAZ, MADRID

Für die Madrilenen gehört der tägliche Besuch auf einem Markt zum Leben – egal ob für eine Tortilla, seltene Meeresfrüchte oder Tapas zu Mittag. In Madrid ist der Mercado de la Paz ein gutes Beispiel dafür – unaufgeregt, aber sehr fein.

„Spanien oder Italien?", fragte mich einmal eine Freundin aus dem Nichts heraus. Ich wusste aber nicht, was sie meinte. „Naja", erklärte sie, „für welches der beiden Länder hast du dich entschieden?" Wieso muss ich mich denn entscheiden? „Weil man nicht beide Länder mögen kann. Man muss sich für eines entscheiden."

Dieser Gedanke hat mich nie wieder losgelassen, und als ich jetzt in Madrid durch den riesigen Schlossgarten „Parque de El Retiro" laufe, geht er mir wieder durch den Kopf. Der Park ist majestätisch, prunkvoll, geradlinig angelegt, mit hohen Monumenten, einem künstlichen rechteckigen See, auf dem Tretboote unter der heißen Sonne in alle Richtungen treiben. Das lässt sich auf weite Teile der Stadt übertragen. Die breiten Avenuen, die prächtige Architektur, die Sauberkeit und Ordnung, das brave Einhalten der Siesta. Kurzum: Spanien ist das komplette Gegenteil vom

PORTRÄT
JAMES

Der gebürtige Brite lebt in Madrid, gründete das Start-up „Devour Tours" und arbeitet als Food-Journalist. Er versorgte uns im Vorfeld mit allen wichtigen Informationen und kam abends zum Paella-Essen vorbei.
Web: DevourTours.com
Instagram: thespainguy & devour_tours

lauten Treiben in sizilianischen Gassen, von den staubigen Straßen, die nach Rom führen, von den mit Olivenöl und Fischblut bekleckerten Schürzen neapolitanischer Köche. Man kann sich kaum vorstellen, dass Spanien und Italien beide Mittelmeerländer sind, die ungefähr auf den gleichen Breitengraden liegen.

Statt länger um die Frage zu kreisen, fällt mir die kreisrunde Pfanne ein, die auf der Veranda meines Apartments an der Wand lehnt. Eine riesige Paella-Pfanne. Paella ist mehr als ein spanisches Klischee. Zu Zeiten des großen Mallorca-Booms ist das spanische Nationalgericht in Verruf geraten. Hier in Madrid will ich die Zutaten dafür auf dem Markt einkaufen und später eine Paella kochen, um zu zeigen, wie gut sie sein kann. In der Pfanne auf meiner Veranda.

Madrid hat viele Märkte und sie geben, verglichen mit den offenen, lauten Straßenmärkten in Italien, ein ganz gegensätzliches Bild ab. Hier sind sie ➔

in Hallen, extrem sauber, fast so steril wie Supermärkte. Der Mercado de San Miguel ist der berühmteste, mitten im Zentrum Madrids gelegen, in einer spektakulären Halle von 1916 aus verschnörkeltem Stahl und viel Glas. An den rund 30 Ständen gibt es Delikatessen aus dem ganzen Land, Tapas natürlich. Ich probiere einen frittierten Langustenschwanz in knuspriger Hülle, eine Auswahl unfassbar guter Schinken, danach geröstete Pimientos mit grobem Meersalz. Das sind würzige grüne Paprika aus der Gegend um Padrón, die in ganz Spanien sehr beliebt sind. Als Nächstes gibt es einen in seiner eigenen Schale gebackenen Seeigel mit Sauce béchamel. Ich komme schnell ins Schlemmen, die Häppchen sind klein und der Weißwein kalt. Die simpelste Tapas-Variante ist La Gilda, ein Holzspießchen mit einer Olive, einer Anchovis und einem Stück eingelegter Peperoni. Das bekommt man überall – von der Eckkneipe bis zur modernen In-Bar – und natürlich hier am San Miguel.

An einem Tresen hockt ein älterer Herr in einem weißen Leinenanzug mit einem Panamahut auf dem Kopf. Vor ihm steht ein Holzbrettchen, auf dem nur noch Fischgräten, Olivenkerne, leere Muscheln und nackte Holzstäbchen liegen. Er trinkt einen dunkelroten Rioja, und während ich ihn anschaue, wird mir klar, dass San Miguel ein Ort zum Verweilen ist; ob allein oder in

einer Gruppe, hier will man Platz nehmen und schlemmen. Die Halle hat bis spät abends geöffnet. Nur Einkaufen für meine Paella, das will ich auf einem anderen Markt, auf einem der Märkte, die weniger Touristen anziehen und mehr frische Lebensmittel anbieten, weniger gastronomisch angelegt sind, aber mehr echtes Leben beherbergen.

MERCADO DE LA PAZ

Der Mercado de la Paz ist so ein Markt. Ganz früh am nächsten Morgen besuche ich ihn. La Paz gefällt mir nicht nur wegen seines schönen Namens, Markt des Friedens, sondern auch weil er typisch für die Madrider Alltagskultur ist. Er liegt in dem feinen Stadtteil Salamanca, ebenfalls in einer alten Halle, von der allerdings nicht so viel zu sehen ist wie am San Miguel, obwohl der La Paz viel älter ist. Seit 1871 werden hier Waren gehandelt.

Der Fußboden ist mit hellen Fliesen ausgelegt und die Stände reihen sich wie eine Frischetheke nach der anderen aneinander. Fisch, Fleisch, Geflügel, Käse, Gemüse und Spezialitäten wie Mojama de Atún, eine uralte Zubereitungsart von Thunfisch,

dessen Filets bis zu 20 Tage getrocknet werden und dann als hauchdünne dunkelrote Scheiben mit frischen Tomaten, gehackten Mandeln und Olivenöl gereicht werden. Bei den Metzgern hängen ganze Schinken von der Decke, die einen würzigen Geruch in der Markthalle verströmen.

In einer anderen Theke liegen frische Empanadas, mit Hack und Zwiebeln gefüllte Teigtaschen. Den Einkäufern aus der Nachbarschaft sieht man an, dass Salamanca einer der vornehmeren Stadtteile ist: frische Polohemden, teure Blusen, sogar die Hackenporsches gibt es hier in elegant. Sie werden mit Tüten beladen, die an manchen der Gemüseständen bereits vorgepackt und mit Namensschildern versehen sind. Auch Restaurants lassen sich von hier beliefern.

An einem der Stände kaufe ich Bomba-Reis, eine für Paella besonders geeignete Sorte aus der Gegend um Valencia. Dass Reis – anders als in anderen europäischen Ländern – in Spanien so populär ist, hat eine fast tausendjährige Geschichte. Die Mauren, die aus Nordafrika auf die iberische Halbinsel kamen, brachten ihn mit. Gut, dass er blieb. Die Verkäuferin gibt mir auch noch das wichtigste Gewürz mit, das ich neben Safran brauchen werde: Pimentón de la Vera, ein Paprikagewürz, das nicht aus der spanischen Küche wegzudenken ist, auch die Chorizo-Wurst verdankt dem Pimentón ihre Schärfe. ⟶

Oben Käse und Wurst, Oliven und Sardinen, Öle und Essige, Schinken und Gewürze.
Unten Auf die Frage, ob alle Paprikagewürze gleich schmecken, ernte ich schallendes Gelächter. Ich habe mich für das Pulver von Las Hermanas entschieden.

MERCADO DE LA PAZ

Der Metzger macht mir ein kräftiges Stück Keule vom Schwein fertig, reagiert aber fast empört auf meine Frage, ob ich nicht auch Kaninchen mit in die Paella geben könne. Bloß nicht! Natürlich macht es mir Spaß, Gerichte abzuwandeln, aber die Paella werde ich lieber so kochen, wie man es mir hier am Markt sagt. An den Meeresfrüchten solle ich nicht sparen, sagt der Metzger und schickt mich zu Fischhändler Ramón.

Dass am La Paz alles etwas gesitteter abläuft als auf anderen Märkten, merkt man auch daran, dass man beim Fischhändler eine Nummer zieht wie in einem deutschen Finanzamt. Bei der Pescadería y Marisquería Ramón ist herrlich zu beobachten, wie die Kunden brav in der Schlange stehen und den Blick auf die Auslage genießen. Das Angebot an Meeresfrüchten und Fischen ist überragend. Ein kleines Mädchen tappt ungeduldig an die Vitrine und blickt in die Glubschaugen eines wuchtigen Adlerfisches, der auf dem Eis liegt. Vier Verkäufer fliegen in Windeseile mit Messern von der Arbeitsplatte zur Waage und wieder zurück zum Tresen. Keiner der Kunden kauft einfach nur ein paar Filets von einem Fisch und geht dann wieder. Stattdessen kann man ahnen, dass in den benachbarten Privathäusern später am Tag entweder mehrere Gänge gekocht, große Familienfeste gefeiert oder Tapas mit unterschiedlichen Meeresfrüchten zubereitet werden.

Ein Produkt, das ich selbst noch nie probiert habe, auf das ich aber schon immer gespannt war, kaufen besonders viele: Entenmuscheln. Allein ihr Aussehen ist bizarr. Strenggenommen sind Entenmuscheln gar keine Muscheln, sondern Krebse, die allerdings fest an Felsen kleben, an der galicischen Küste, wo sie von Percebeiros, todesmutigen Tauchern, losgeschnitten werden. Entenmuscheln sind die teuerste Delikatesse des Atlantiks und verdanken ihren Namen den Hornplättchen an ihrem Kopf, die aussehen wie Entenschnäbel.

Als ich an der Reihe bin, frage ich den Fischhändler, ob ich Entenmuscheln in eine Paella geben könnte. Wieder ein Blick voller Entsetzen – nein, das solle ich auf keinen Fall tun. In manchen Teilen Spaniens komme zwar Sepia in die Paella, in anderen Teilen Calamari, er würde mir aber Shrimps empfehlen, davon habe er gerade besonders große. – O.k., klingt gut. Entenmuscheln, deren Preis ich lieber für mich behalte, verkauft er mir trotzdem noch, mit der Empfehlung, sie einzig und allein mit einem Lorbeerblatt zu kochen, ganz kurz nur. Werde ich tun. Aber bis es so weit ist, brauche ich eine Stärkung.

Die beste Küche am Mercado de la Paz hat das winzige Casa Dani. Im Schnitt gehen hier jeden Tag 300 Tortillas über den Tresen. So eine möchte ich auch probieren. Als der Koch meine Freude daran sieht, schiebt er mir einen kleinen Teller nach dem anderen zu. Ich probiere mich einmal durch die ganze Karte, darunter ein feuriges Gemisch aus Innereien und eine Fabada asturiana, ein Bohneneintopf mit Chorizo.

Die anderen Männer im Laden schmunzeln über meine Freude am Essen und prosten mir zu. Das wiederum bringt mich zum Schmunzeln. Ich habe nämlich nie zuvor Männer gesehen, die aus so klitzekleinen Gläsern Bier trinken. Das passt zu Madrid, zu den filigranen Tapas-Kunstwerken, zu den kleinen Schnipseln, die vom Schinken gehobelt werden, zu den schlauchartigen Entenmuscheln, die ich später aufpulen werde, zu dem Respekt, den man hier vor dem richtigen Aroma und dem guten Essen hat. La Paz. Der Friede ist mit den Genießenden. Und wenn ich mich an diesem Tag für Spanien oder Italien entscheiden muss, dann ist es Spanien. Die Paella-Pfanne auf der Veranda wartet auf mich. ✗

Links Hilfsbereit werden hier die Dos and Don'ts zum Thema Paella erklärt.

PAELLA

Die Basis liegt in Valencia, und so wird sie auch überall im Land noch serviert – neben den regionalen Varianten. Je näher man der Küste kommt, desto mehr Fisch und Meeresfrüchte finden sich in der Pfanne, je weiter ins Landesinnere, desto mehr Fleisch und Gemüse.

Zutaten **für 4 Portionen**

200 g Schweinefleisch (z.B. Nacken)
200 g Hähnchenbrustfilet
2 Chorizos
2 Schalotten
2 Knoblauchzehen
2 rote Paprika
Olivenöl
8 Garnelen (z.B. White Tiger)
4 Kaisergranate
8 Calamaretti, geputzt & ausgenommen
1 TL Safran oder Kurkuma
1 EL Pimentón de la Vera (geräuchertes Paprikapulver), dulce
240 g Paella-Reis
750–1000 ml Gemüsebrühe
3 Zweige Rosmarin
200 g Herzmuscheln
200 g Miesmuscheln
Salz & Pfeffer aus der Mühle

 | ⏱ **1,5 h** | 🍱🍱🍱

Das Fleisch in walnussgroße, die Chorizo sowie Schalotten, Knoblauch und Paprika in feine Würfel schneiden. Eine große Paella-Pfanne mit Olivenöl erhitzen und darin die Garnelen, Kaisergranate und die Chorizo anbraten. Die Calamaretti einritzen (siehe S. 109) und in die Pfanne geben. Anschließend das Seafood herausnehmen.

Das Fleisch mit Schalotten, Knoblauch und den Paprikawürfeln in derselben Pfanne anbraten. Nochmals etwas Öl hinzugeben und darin den Safran und das geräucherte Paprikapulver auflösen. Den Reis dazugeben und alles kräftig umrühren, bis der Reis eine gelbliche Farbe angenommen hat. Mit der Brühe ablöschen, nochmals umrühren und den Reis quellen lassen.

Nach ca. 15 Minuten das Seafood zum Reis geben, kurz unterheben und die Rosmarinzweige auf dem Reis verteilen. Die Muscheln mit der Öffnung nach unten in den Reis stecken und warten, bis der Reis gar ist, die Flüssigkeit verkocht und bis die Muscheln aufgegangen sind. Mit Salz und Pfeffer abschmecken und mit Gin Tonic oder einem kühlen Weißwein aus den Bergen Madrids servieren.

❄ **TIPP** Wenn etwas übrig bleibt, könnt ihr die Paella problemlos einfrieren und wieder erwärmen.

FLATBREAD

Die Teigfladen sind schnell vorbereitet, man kann sie wahlweise in die Pfanne oder auf den Grill werfen. Ruckzuck hat man knusprig-duftende Brote – und das ganz ohne Hefe und Ei.

Zutaten für 4 Portionen | ⏱ **20 min** | 🍲

FÜR DEN TEIG
500 g Mehl
1 TL Salz
2 EL Backpulver
250 g Joghurt
1 EL Olivenöl
250 g Quark

FÜR DIE KRÄUTERBUTTER
100 g frische Kräuter (z.B. Petersilie & Oregano)
1 Peperoni
2 Knoblauchzehen
100 g Butter

Das Mehl mit dem Salz und dem Backpulver gut verrühren und anschließend mit Joghurt, Olivenöl und dem Quark zu einem glänzenden Teig kneten und beiseite stellen.

Die Kräuter hacken, die Peperoni entkernen und hacken, den Knoblauch ebenfalls hacken. In einer Pfanne die Butter schmelzen, Kräuter, Peperoni und Knoblauch dazugeben und kurz aufschäumen lassen.

Den Teig vierteln, Kugeln formen und daraus mit einem Nudelholz und etwas Mehl flache Fladen (8–12 cm ø) ausrollen und in einer Grillpfanne ohne Fett ausbacken.

MOJO ROJO

Sie zählt zu den berühmtesten Würzsaucen der Welt und steht bei den Iberern fast immer auf dem Tisch.

Zutaten für 4 Portionen | ⏱ **10 min** | 🍲

- 2 Bird's Eye Chilis • 3 Knoblauchzehen
- 1 EL Paprikamark • 1 TL Salz
- 1 TL rauchiges Paprikapulver
- 100 ml warmes Wasser
- 100 g eingelegte Paprika
- 250 ml gutes Olivenöl

In der Küchenmaschine oder dem Blender alle Zutaten mit Ausnahme des Olivenöls fein mixen und anschließend bei laufendem Mixer das Olivenöl tröpfchenweise unter die Paprikamasse schlagen, bis die Mojo eine mayonnaiseartige Konsistenz hat.

MOJO VERDE

Die traditionelle kanarische Sauce ist das spanische Pendant zum italienischen Pesto. Jede Familie hat ihr eigenes Rezept.

Zutaten für 4 Portionen | ⏱ **10 min** | 🍲

- 1 Bund krause Petersilie
- ½ Bund Koriander • 1 Bird's Eye Chili
- 2 Knoblauchzehen
- Saft einer halben Limette • 1 TL Salz
- Pfeffer aus der Mühle
- 250 ml gutes Olivenöl

Petersilie und Koriander abzupfen. Mit Ausnahme des Olivenöls alle Zutaten in der Küchenmaschine miteinander pürieren. Bei laufendem Motor das Öl tröpfchenweise untermixen, bis die Mojo eine mayonnaiseartige Konsistenz hat.

KARTOFFEL-STACKERS MIT OLIVENTAPENADE

Variiert die Zutaten, wie ihr mögt: Süßkartoffeln mit Roquefort über-backen, blaue Kartoffeln und Ziegenkäse oder eben klassisch nur mit Salz.

Zutaten **für 4 Portionen**  | ⏱ **0,5 h** | 🥄 🥄 🥄

FÜR DIE TAPENADE
- 100 g schwarze Oliven ohne Stein
- 1 Schalotte • 1 Knoblauchzehe
- 50 ml Olivenöl • 50 ml kaltes Wasser
- 1 TL getrockneter Oregano
- Salz zum Abschmecken

FÜR DIE STACKERS
- 8 mittelgroße Kartoffeln
- Olivenöl • Salz & Pfeffer
- Salbei

Für die Tapenade alle Zutaten in einem Cutter oder mit dem Mixstab zu einer homogenen Paste mixen. Im Schraubglas hält sich die Tapenade gut gekühlt mehrere Wochen. Nach dem Benutzen etwas Oli-venöl auf die Tapenade geben, verschließen und wieder einkühlen.

Für die Stackers den Backofen auf 180 °C (Umluft) vorheizen. Die Kartoffeln in dünne Scheiben schnei-den und in einer Schüssel mit Olivenöl, Salz und Pfeffer marinieren. Die Scheiben mit etwas Abstand auf 8 Schaschlik-Spieße schieben (auf Wunsch mit Salbei dazwischen). Im Backofen für 10–15 Minuten goldbraun backen und sofort verzehren.

Rechts unten Maismehl, so weit das Auge reicht. Braucht man für die Empanadillas auf S. 225.

IBERICO CON CHIMICHURRI

Das iberische Hausschwein ist vor allem für den Grill geeignet. Mit seiner natürlichen Marmorierung hat das Pata Negra eindeutig mehr verdient als Ketchup oder Cocktailsauce.

Zutaten **für 4 Portionen**

1 Chilischote
1 rote Zwiebel
1 Knoblauchzehe
1 Weckglas (Fassungs- vermögen 750 ml)
1 Bund Koriander
1 Bund Petersilie
2 Zweige Thymian
1 TL getrockneter Oregano
2 TL Paprikaflocken
Saft einer Limette
100 ml Essig
300 ml Olivenöl
Salz & Zucker
4 Iberico Chops (Karree)

🐖 | ⏱ **20 min** | 🗜🗜🗜

Je länger die Chimichurri durchziehen kann, desto besser.

Die Chili, Zwiebel und die Knoblauchzehe in feine Würfel schneiden bzw. hacken und ins Weckglas geben. Die frischen Kräuter fein hacken und die Blätter von den Thymianzweigen zupfen, ebenfalls ins Glas damit. Den getrockneten Oregano, die Paprikaflocken, den Limettensaft und den Essig hinzugeben und kräftig umrühren.

Jetzt esslöffelweise das Olivenöl ins Weckglas geben und zwischendurch fest verschlossen kräftig shaken.

Mit Salz und Zucker abschmecken und fertig ist eure Chimichurri. Hält wochenlang im Kühlschrank und eignet sich zu allem. Vor dem Gebrauch immer kräftig schütteln und ggf. Olivenöl nachfüllen.

Die Chops je nach Geschmack grillen oder mit etwas Öl in der Pfanne braten und würzen.

LAGERN Eure Chimichurri könnt ihr getrost einige Wochen im Kühlschrank lagern. Immer auf ein sauberes Glas achten und die Kräuter mit einer Schicht Öl bedecken. Durch den Luftabschluss schimmelt eure Sauce nicht.

SEEIGEL

Selten findet man bei Lebensmitteln gegensätzlichere Meinungen: Der eine liebt die stacheligen Freunde aus dem Meer, der andere verflucht sie seit dem Kontakt mit der Fußsohle.

Zutaten **für 4 Portionen**

20 g Butter
1 Lorbeerblatt
20 g Mehl
2 EL Weißwein
200 ml Milch
Salz & Pfeffer
Muskat
4 Seeigel

🐚 | ⏱ **0,5 h** | 🍲🍲🍲

Den Backofen auf 160 °C (Grillfunktion) vorheizen. In einem kleinen Topf die Butter mit einem Lorbeerblatt zerlassen und das Mehl einrühren. Mit Weißwein ablöschen und das Mehl glatt rühren. Nach und nach die Milch hinzugeben und mit Salz, Pfeffer und Muskat abschmecken.

Die Seeigel abbrausen und mit der flachen Seite nach unten auf die Arbeitsplatte legen. Mit einer spitzen Schere ein Loch in den Deckel schneiden. Das Loch Stück für Stück vergrößern, bis eine Schale entsteht.

Je nach Saison sind die Stacheln härter und spitzer, ein handelsüblicher Bau- oder Gartenhandschuh schafft Abhilfe. Die Béchamel über die Seeigel geben und im Ofen für wenige Minuten gratinieren. Warm verzehren.

EINKAUF Während in südlichen Ländern und der Westküste der USA die Seeigel günstiger sind, ist die Delikatesse in Deutschland mit 6–10 Euro pro Stück eine kostspielige Angelegenheit.

Fangfrisch Frische Meerestiere gibt es dank des größten spanischen Fischmarkts um die Ecke jeden Tag.

MEZCALADA

Ein Hybrid aus Mezcal, dem rauchigen Bruder des Tequila, und dem beliebten Biermischgetränk „Michelada" aus Mexico wird in Madrid als Alternative zur Bloody Mary gereicht.

Zutaten **für 4 Gläser (à 350 ml)**

6 Limetten
Salz & Paprikapulver
Eiswürfel
800 ml leichtes Bier
200 ml Mezcal
200 ml Tomatensaft
4 Spritzer scharfe Sauce

🍸 | ⏱ **3 min** |

4 Limetten auspressen, die übrigen in Stücke schneiden. Die Gläser am Rand mit einem Stück Limette einreiben und in eine Mischung aus Salz & Paprikapulver dippen. Mit Eiswürfeln füllen. In einer Karaffe alle Flüssigkeiten kräftig verrühren und auf die Gläser verteilen. Die übrigen Limettenstücke in die Gläser geben.

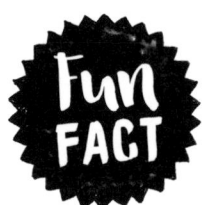

DER MIT DEM WURM? Würmer haben im Mezcal genauso wenig verloren wie in jeder anderen hochwertigen Spirituose. Abgesehen davon, dass er ein Marketing-Gag ist, hat dieser arme Wurm keinerlei Bedeutung.

EMPANADILLAS

Die kleinen Brüder und Schwestern der großen Empanadas finden in allen Ecken Spaniens großen Anklang. Entscheidend ist der Teig – wenn der perfekt ist, können die Empanadillas mit allem gefüllt werden, was das Herz begehrt. Dazu eine leckere Mojo (von S. 213) oder Avocadocreme und fertig ist der perfekte Snack.

Zutaten **für 4 Portionen**

FÜR DEN TEIG

250 g Weizenmehl, gesiebt
250 g Maismehl
100 g kalte Butter, gewürfelt
50 ml Milch
150 ml Wasser
1 TL Zucker
1 TL Salz
1 Ei zum Bestreichen

FÜR DIE FÜLLUNG

5 Tomaten
2 Knoblauchzehen
2 weiße Zwiebeln
3 EL Olivenöl
2 kg frischer Spinat
500 g Schafskäse
Salz & Pfeffer

🌶 | ⏱ 1,5 h | 🍲 🍲 🍲

Für den Teig die beiden Mehle und Butter in einer Küchenmaschine mit dem Knethaken krümelig rühren. Milch, Wasser, Zucker und Salz auf 30–40 °C erwärmen und nach und nach zur Mehlmischung geben, bis ein geschmeidiger Teig entsteht. Ggf. die Geschwindigkeit der Küchenmaschine erhöhen und zum Schluss nochmals 2 Minuten mit den Händen kräftig durchkneten. Den Teig in Frischhaltefolie einschlagen und für mind. 30 Minuten kalt stellen.

Für die Füllung die Tomaten mit kochendem Wasser überbrühen, die Haut abziehen, die Tomaten vierteln und die Kerne herausschneiden. Das Fruchtfleisch in Würfel schneiden und beiseite legen. Den Knoblauch fein hacken, die Zwiebeln in dünne Streifen schneiden und beides in einem Wok mit Öl anschwitzen. Den Spinat dazugeben und kurz mit anschwitzen. Die Tomaten hinzugeben und nochmals alles umrühren. Mit zerbröseltem Schafskäse mischen, mit Salz & Pfeffer würzen.

Den Backofen auf 170 °C (Umluft) vorheizen. Den Teig sehr dünn ausrollen und mit einem runden Ausstecher (10 cm ø) Scheiben ausstechen. Mit 1–2 EL Füllung belegen, zuklappen und die Ränder wellenförmig einschlagen und andrücken. Das Ei verquirlen und die Empanadillas damit einstreichen. Im Backofen für 15–20 Minuten goldbraun backen.

salut!

PFIRSICHLIMONADE

Alkoholfreie Getränke sollten meiner Meinung nach genauso viel Beachtung erhalten wie vegetarische Gerichte. Verzicht bedeutet schließlich nicht, dass man deshalb nicht auch genießen darf. Hausgemachte Limonaden können auch Basis für einen leckeren Aperitivo mit Alkohol sein. In diesem sommerlichen Fall würde sich Tequila oder Gin sehr gut eignen.

Zutaten **für 4 Portionen**

FÜR DEN SIRUP
500 g Pfirsiche
200 ml Wasser
150 g feiner Rohrzucker
Saft einer Limette

AUSSERDEM
2 Saftorangen
2 Zitronen
Eiswürfel
4 Stängel Salbei
4 EL Pfirsichsirup
Mineralwasser zum
Auffüllen

 ⏱ **0,5 h** | 🍲 🍲 🍲

Für den Sirup die Pfirsiche entsteinen, klein schneiden und mit dem Wasser ca. 15 Minuten zugedeckt köcheln lassen. Durch ein sehr feines Sieb abtropfen lassen, dabei die Flüssigkeit auffangen. Zucker und Limettensaft zur Flüssigkeit geben und so lange köcheln lassen, bis sich der Zucker aufgelöst hat. In eine ausgekochte Weinflasche füllen, mit einem sauberen Korken verschließen und kühl aufbewahren.

Orangen und Zitronen und ggf. noch einen frischen Pfirsich in Scheiben bzw. Spalten schneiden und mit Eiswürfeln und Salbei in einen Krug schlichten. Sirup dazu, mit Mineralwasser auffüllen und umrühren.

 **TIPP** Die Limonade in großen Karaffen zum Selber-Einschenken auf den Tisch stellen – das Revival der Bowle!

place to be !

ADRESSE
Mercado de San Miguel
Plaza de San Miguel 3
28005 Madrid

So–Mi, 10.00–24.00 Uhr
Do–Sa, 10.00–02.00 Uhr
www.mercadodesanmiguel.es

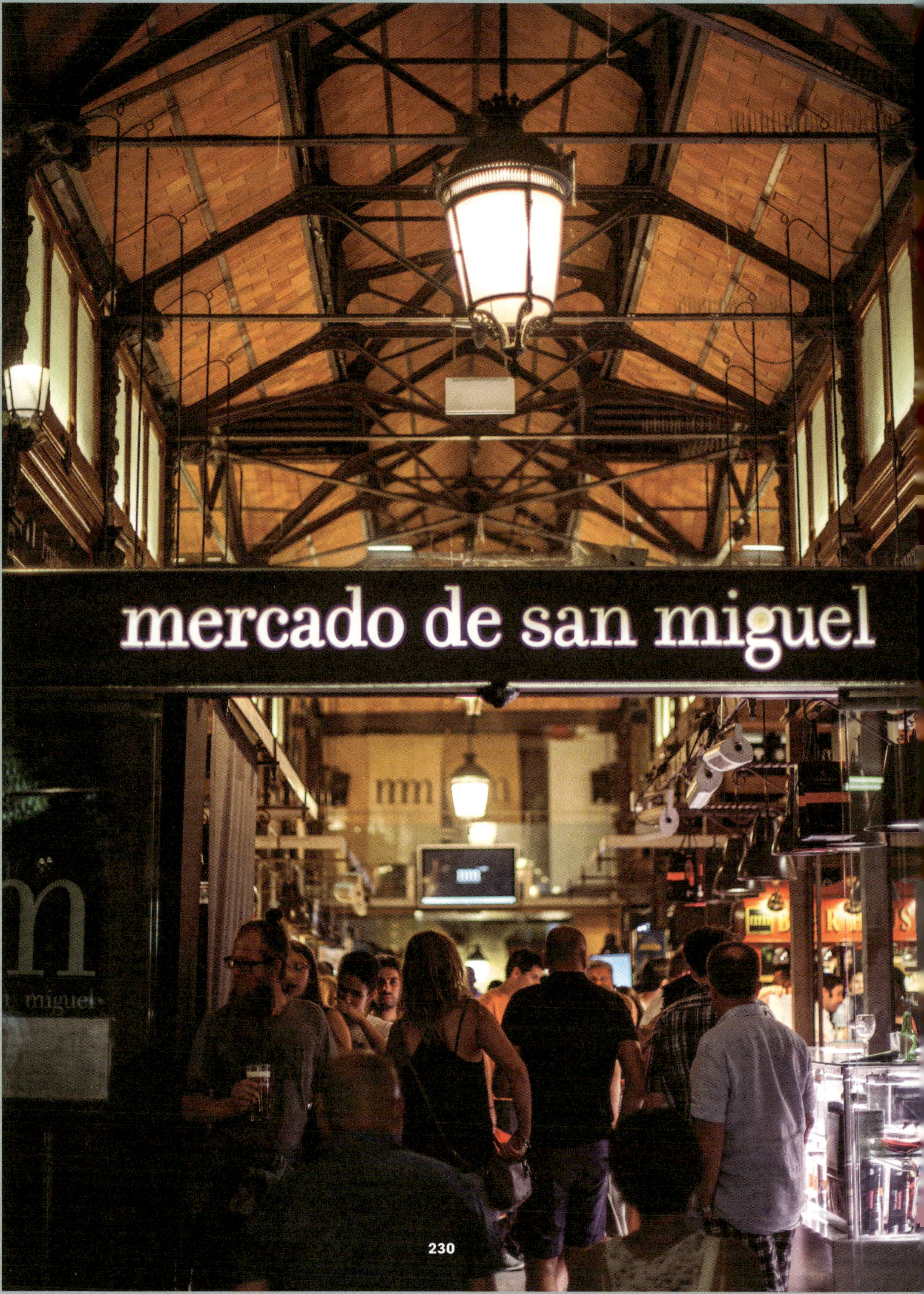
mercado de san miguel

Für Abende

Der berühmte Mercado de San Miguel ist ein perfekter Ort, um einen Tag ausklingen zu lassen. Zum Einkaufen zog es uns hingegen zum Mercado de la Paz.

TEAM

FABIO HAEBEL
(ESSEN)

HENNING POMMÉE
(PROJEKTLEITUNG)

JULIAN WEBER
(VIDEO)

NINA UND SAM —
UNSERE FREUNDINNEN
AUS AMSTERDAM

ULF PAPE
(TEXT)

TIMON KOCH
(FOTOS)

233

MARCHÉ D'ALIGRE

AB SEITE 10

KOPEN-HAGEN

TORVEHALLERNE

AB SEITE 38

BERLIN

MARKTHALLE NEUN

AB SEITE 64

Amsterdam

TEN KATEMARKT

AB SEITE 90

Wien

NASCHMARKT

AB SEITE 118

London

BRIXTON MARKET

AB SEITE 146

SYRAKUS

**MERCATO
DI ORTIGIA**

AB SEITE 172

MADRID

**MERCADO
DE LA PAZ**

AB SEITE 202

Zum Abschluss noch schnell ein Bier in der Markthalle Neun. Prost!

SYRAKUS

MERCATO DI ORTIGIA

AB SEITE 172

MADRID

MERCADO DE LA PAZ

AB SEITE 202

Zum Abschluss noch schnell ein Bier in der Markthalle Neun. Prost!

IMPRESSUM

Bibliografische Information der Deutschen Nationalbibliothek
Die Deutsche Nationalbibliothek verzeichnet diese Publikation in der
Deutschen Nationalbibliografie; detaillierte bibliografische Daten sind
im Internet über http://dnb.d-nb.de abrufbar.

1. Auflage

Rezepte: **FABIO HAEBEL** fabiohaebel.de
Texte: **ULF PAPE**
Fotografien: **TIMON KOCH**
Visuelle Gestaltung und Projektkoordination:
NEUDEUTSCH, HENNING POMMÉE neu-deutsch.de
Grafik: **SASKIA ZEBULKA**
Lektorat: **INGE FASAN**
Projektleitung Brandstätter Verlag: **STEFANIE NEUHART**

Copyright © 2017 by **CHRISTIAN BRANDSTÄTTER VERLAG, WIEN**

Bildnachweis: S. 12 Shutterstock; S. 40, 92, 120, 174 Fotolia;
S. 140, 141 HEUER/Ana Barros

ISBN 978-3-7106-0106-4

Christian Brandstätter Verlag
GmbH & Co KG
A-1080 Wien, Wickenburggasse 26
Telefon (+43-1) 512 15 43-0
Telefax (+43-1) 512 15 43-231
E-Mail: info@brandstaetterverlag.com
www.brandstaetterverlag.com

Designed in Germany, printed in the EU